감사의 글

어려운 시장입니다. 어려운 시장일수록 자기만의 단단한 원칙이 중요합니다. 이 책을 통해 당신의 인생을 바꿀 위대한 아이디어 하나라도 얻어 가신다면 저자로서 그보다 큰 행복이 없습니다.

오랫동안 심사숙고하며 쓴 글이기에, 이 책을 읽는다면 저의 오랜 공부와 노력을 통째로 가져가실 수 있습니다. 이 책을 통해 당신의 투자 앞날에 꽃길만 펼쳐지길 기원합니다.

아울러 더 나은 책을 만들기 위해 끝까지 애써준 트러스트북스 출판사 여러분께 감사드리며, 특별히 사랑하는 가족인 아내 류수미, 딸 김영서, 아들 김윤찬에게도 감사의 말을 보냅니다. 가족의 후원과 지지가 없었더라면 이 책은 세상에 나오지 못했을 것입니다.

제이디부자연구소 소장, 조던(김장섭)

반복되는 상승과 하락 사이에서
지속적으로 기회 잡는 법

일러두기

2024년 3월 현재 세계 1등은 마이크로소프트다. 하지만 이 책을 집필했던 기간, 그리고 이 책에서 다루는 대부분의 기간 동안 세계 1등은 애플이었다. 따라서 예시 지표로 애플을 사용했음을 알린다. 종목만 달라졌을 뿐, 투자방식은 동일하다.

위기대응 및 실전응용편(전2권)

반복되는 상승과 하락 사이에서

지속적으로
기회 잡는 법

1권

조던 김장섭 지음

트러스트북스

1

어떤 상황에서도 당신을 안전하게 지키고, 부자 될 가능성을 99.9%까지 올려줄, 위기를 기회로 삼는 매뉴얼

2

떨어지면 반갑고,
오르면 그 자체로 좋은,
주식 투자법

1부

어떤 상황에서도 당신을 안전하게 지키고,
부자 될 가능성을 99.9%까지 올려줄,

위기를 기회로 삼는
매뉴얼

조던의 매뉴얼 정리

01장

언제까지 똑같은 위기에 매번 당하고만 살 것인가?

"멍청한 사람은 같은 일로 계속 맞고, 보통인 사람은 한 번 맞고 나서 같은 일로 다시 맞지 않고, 똑똑한 사람은 맞기 전에 피한다."

주식시장에 주기적으로 찾아오는 반갑지 않은 손님, 바로 '공황'에 관한 얘기다. 때가 되면 찾아오는 이 반갑지 않은 손님을 맞는 데 있어서, 최소한 똑똑한 사람이 되지는 못할지라도 보통은 되어야 한다. 그런데 주식시장의 현실을 보면 대부분 멍청하게 행동하는 패턴들이 많다.

주가가 한창 떨어질 때 주식방송을 보면 가관이다. 캐스터나 전문가나 모두 죽상이다. 어쩌다 하루 오르면 좋아서 화색이 돌다가도 다시 급락하면 죽을병에라도 걸린 듯 금세 표정이 어두워진다. 일희일비의 끝판왕들을 보는 것 같다.

주식시장의 위기는 매번 반복되지만 이 바닥에서 30년 이상 머물렸다는 주식 전문가도 위기를 제대로 피하고 대처한 경우는 거의 보지 못했다. 생초보도 전문가도 심지어 주식시장의 대가들도 위기가 오면 모두 주식에 물리고 만다. 위기가 오면 너나할 것 없이 모두 멍청해져버린다.

전문가라는 사람들이 위기를 대하는 레퍼토리도 매번 똑같다. 조금 떨어지면 건강한 조정이므로 더 많이 오르기 위한 일보후퇴라고 한다. 거기서 더 떨어지면 이제 곧 바닥이니 조금만 버티라고 한다. 그러다가 정말 많이 떨어져 주가가 반토막 나면 이제는 아예 수면제 먹고 자라고 한다. 그러면서도 주식 팔라는 소리는 입밖에도 꺼내지 않는다. 개미들의 수익률보다 개미들이 주식시장에 남아 거래를 계속해 주는 편이 자신에게 더 유리하기 때문이다.

내일의 주가, 오를까 떨어질까? 아무도 모른다. 내일의 주가는 인간의 예측으로 맞출 수 없다. 내일의 주가는 알 수 없지만, 큰 위기를 경험했다면 그 위기를 분석해 다음에는 똑같이 당하지 않아야 한다. 그런 생각으로 주식을 대해야 마땅하다. 30년 이상 주식을 대한 전문가가 오늘 처음 시작한 생초보와 마찬가지라면, 그 이유는 지난 위기를 분석하지 않았고 위기를 거치면서도 경험으로 습득하지 못했기 때문이다. 바로 그런 분명한 이유가 있는데도, "주가 모른다"는 말로 자위한다. 대가들도 그랬다며 말이다.

그러나 대가들은 알아도 모르는 척할 뿐이다. 주식 포지션이 워낙 커서 그들이 팔면 주식시장 자체가 흔들리기 때문이다. 그래서 어쩔 수 없이 주가는 오를지 떨어질지 모르니 그냥 10년 묻어놓고 가져가라는 말을 하는 것이다.

그런데 대가들의 속내를 모르는 투자자들은 앵무새처럼 대가들의 말을 반복하고 맹신하여 무조건 롱베팅(사서 묻어두기 투자)으로만 일관한다. 못 먹어도 고(Go)다. 헤지 얘기는 아예 없다. 그러다 공황이 오면 깨지고 물리고 얼굴 표정이 썩는다.

돈이 많건 적건 주식시장 경험이 많건 적건 간에 주가가 떨어질 때 웃는 사람은 어디에도 없다. 대가들은 포지션이 너무 커서 팔 수 없어 울상이고, 전문가들은 머리가 텅 비어서 못 팔고, 개미들은 전문가들의 거짓말에 속아 못 판다.

주가 하락은 일상이다. 10% 정도의 조정은 평균적으로 2년에 한 번씩 오고, 25% 조정은 4년에 한 번씩 오며, 50% 조정은 10년에 한 번씩 온다. 그렇다면 롱베팅으로만 일관할 것이 아니라 떨어질 때를 대비한 헤지에 관해서도 반드시 생각을 해두어야 한다. 이는 특별한 이야기가 아니다. 투자자라면 반드시 지켜야 할 매우 상식적인 자세다.

나도 주식을 막 시작할 시점에는 주식투자가 평안한 항해일 줄로만 알았다. 그러다가 처음 위기를 맞았고, 큰 상처를 받았다. 그리고 나서야 위기대응 매뉴얼을 만들기 시작했다. 너무나 당연한 결과였다. 위기를 맞아 상처를 입었으니 다시는 반복하지 말아야 할 것이 아닌가.

매뉴얼은 'Field Manual'의 줄임말이다. 필드매뉴얼은 야전교범 (野戰教範)이라는 뜻으로 군대에서 사용하는 지침서를 의미한다. 전쟁 터에서 최소한 이것만 지키면 목숨은 부지한다는 필생의 지침서다.

주식시장은 전쟁터다. 개미들은 세계적인 투자은행의 트레이더, 산전수전 다 겪은 주식 고수들, 그리고 이젠 인공지능과도 맞짱을 떠야 한다. 나 홀로 우글거리는 적들과 맞서야 하는 곳이 바로 주식 판이다.

그런데 개미들은 필드매뉴얼 하나 없이 싸우고 있는 중이다. 상대 는 첨단 레이더, 드론, 미사일에 심지어 핵무기까지 갖고 있는데 소 총 한 자루로 어떻게 해보겠다며 돌격하는 꼴이다. 개미들은 주식이 오르면 그제서야 군중심리에 휩쓸려 꼭대기에 우르르 들어갔다가 떨어지면 존버하고 반토막 난 주식을 지치도록 들고 있다가 결국 재 산 다 털어먹고 나온다. 그런 곳이 주식시장이다.

2018년 10월의 일이다. 연준의 파월 의장은 금리를 지속적으로 올린다고 했다. 나스닥은 24%가 빠졌고 애플은 40%가 넘게 빠졌다.

2016년부터 해외주식을 했던 내게 2018년 10월의 하락은 상당 히 뼈 아팠다. 현재의 전문가들과 다르지 않았다. 떨어지면 팔고 오 르면 사다가 결국 계좌에서 수 억 원이 녹아내렸다. 이렇게 대응하다가는 끝장이라는 생각이 들었고 밤을 새워 나스닥의 40년 간 데이터를 분석했다.

1987년 블랙먼데이, 2000년 닷컴버블, 2008년 금융위기, 2011년 미국신용등급 위기 그리고 2018년 미국 이자율 위기를 모두 분석하자 나스닥의 일간지수가 -3% 이상 떨어졌을 때 위기가 왔다는 사실을 깨달았다.

나스닥 -3% 법칙을 발견한 후, 피터 린치를 비롯한 대가들의 수많은 주식책을 읽었지만 공황에 대한 정의가 없다는 사실이 또 한 번 나를 놀라게 했다. 분명히 있어야 하고 있을 법도 한데, 어느 곳에서도 위기징후를 명확히 객관화한 흔적을 찾을 수 없었다.

그리고 대가들은 주식시장의 하락을 알면서도 일부러 모른 척한다는 사실도 깨달았다. 그렇지 않고서야 어떻게 -3%가 뜨면 일단 위기가 시작된다는 말을 한 번도 하지 않는가 말이다. 어쨌든 그들이 알던 모르던 말해주지 않으니 내가 만들었다. 그리고 이렇게 매뉴얼로 정리했다.

매뉴얼 1

- 나스닥지수에 -3%가 뜨면 전량 매도 후 한 달+1일을 기다리고 그동안 -3%가 더 이상 뜨지 않으면 다시 전량 매수한다.

- 나스닥 -3%가 한 달 안에 4번이 뜨면 두 달+1일을 기다리고 그동안 -3%가 더 이상 뜨지 않으면 다시 전량 매수한다.

이렇게 매뉴얼을 처음 만들었고 실전에 쓰기 시작했다. -3% 매뉴얼은 심플했고 직관적이었다. 그리고 2020년 코로나 위기가 터졌다. 마침《내일의 부》라는 책을 냈고 여러 방송에서 나스닥 -3%에 대해 알렸다. 그때가 2020년 1월이었다.

2020년 2월 27일 나스닥에 -3%가 뜨면서 본격적으로 떨어지기 시작했으니 위험이 있기 한 달 전이었다. 그러니 별 이상한 이론을 들고 나와서 떠든다, 그런 매뉴얼이 있었다면 벌써 나왔을 것이 아니냐는 이야기들을 들었다.

그러나 코로나 위기가 시작되었고 매뉴얼은 이때 빛을 발했다. 이 매뉴얼의 장점은 절대 망하지 않는다는 데 있다.

연준은 양적완화와 제로금리로 코로나 위기를 극복하려 했다. 한없이 추락할 것 같았던 주식은 2020년 3월 16일 바닥을 지나 V자 반등을 시작했다. 매뉴얼을 지키는 사람은 포모(Fear of Missing Out: '놓치거나 제외되는 것에 대한 두려움')에 시달렸다. 나스닥에 -3%가 뜨자 주식을 전량 매도하고, 다시 전량 매수할 날만 기다리고 있었기 때문이다. 주식은 아직 변동성이 있어서 -3%가 뜨니 다시 들어갈 시점은 뒤로 미뤄지고 있었는데 주가는 전고점을 지나 하늘을 뚫고 올라가고 있었다. 유튜브에서도 카페에서도 포모를 견디다 못해 떠나는 이들이 많았다. 매뉴얼을 지켜서 최소한 잃지는 않았지만 남들 주식이 올라 배가 아픈 것까지는 참지 못했다.

매뉴얼 2

● 나스닥지수가 8거래일 연속으로 상승하면 전량 매수한다.

나스닥 분석을 통해 위기 탈출 신호를 하나 더 발견했다. 그러나 2020년 6월 29일에서야 전량 매수에 들어가게 되었다. 그리고 다시 급하게 오르는 포모를 방지할 수 있는 매뉴얼 수정에 들어갔다.

매뉴얼 3

● **리밸런싱**: 2.5% 떨어질 때마다 10%씩 종가 기준으로 판다.

위기에 계좌가 녹아내리지 않게 하는 것에만 집중한 나머지 위기상황에서의 수익률 극대화는 생각하지 못했다. 그래서 나스닥을 연구하며 2008년 이전과 이후의 주식시장 변화를 알 수 있었다. 핵심은 바로 '연준의 개입'이었다.

표_리밸런싱 -25% 표_종가 기준으로 대응한다

	애플(세계 1등 주식)	현금비율
전고점	182.01	
-2.5%	177.46	10%
-5.0%	172.91	20%
-7.5%	168.36	30%
-10.0%	163.81	40%
-12.5%	159.26	50%
-15.0%	154.71	60%
-17.5%	150.16	70%
-20.0%	145.61	80%
-22.5%	141.06	90%
-25.0%	136.51	100%

2008년 이전에는 연준이 주식시장에 개입하지 않았다. 주식이 떨어지건 말건 금리를 지속적으로 올려 물가를 잡는 데만 혈안이 되어 있었다. 그러나 2008년 금융위기가 터지자 이전과는 달리 양적완화와 제로금리라는 무지막지한 유동성을 풀어 경기를 부양했다는 사실을 깨달았다.

따라서 연준이 제로금리를 할 때는 시장을 받쳐주니 나스닥이 25% 이상 떨어지지 않았지만 연준이 금리를 올리기 시작하면 50%까지도 떨어질 수 있다는 사실을 알았다. '매뉴얼1'처럼 전량 매도하기보다는 고점대비 25%, 50%로 표를 만들어 대응하는 것이 수익률을 올리는 데 더 효과적이라고 생각했다. 우선 리밸런싱은 -25% 표만을 사용한다.

나스닥 -3%가 뜨지 않은 일반적인 상황에서, 주식이 빠지기 시작하면 무조건 -25% 표를 쓴다. 주가가 2.5% 떨어질 때마다 10%씩 주식을 팔아서 현금을 만드는 것이다. 세계 1등 주식인 애플이 고점 대비 -2.5% 빠져 177.46달러 밑으로 가면 총 보유수량 중 10%를 팔아서 현금화한다.

이 매뉴얼을 만든 이유는, 2011년 애플이 시가총액 면에서 세계 1등이었고 나스닥 -3%가 뜨지 않았는데 혼자 45%가 빠진 적이 있었다. 물론 2등과 순위도 바뀌지 않았다. 따라서 이런 때에 헤지할 수 있는 수단이 있어야 했다. 그래서 만든 것이 바로 리밸런싱 헤지 방법이다. 만약 똑같은 일이 벌어진다면 이미 리밸런싱을 했을 때 나는 -25% 지점에서 주식을 모두 털고 현금화했을 것이다. 그러니 애플이 혼자서 45%가 빠진다고 해도 완벽한 헤지가 가능했다.

매뉴얼 4

- **말뚝박기**: 나스닥 -3%가 뜨면 구간에 맞게 주식 매도 후 2.5% 또는 5% 떨어질 때마다 장중기준으로 10%씩 매수한다. 말뚝박기는 제로금리일 때는 -25%, 연준이 금리를 올리기 시작하면 -50% 표를 사용한다.

반복되는 상승과 하락 사이에서 **지속적으로 기회 잡는 법**

표_말뚝박기 -25% 표_장중 기준으로 대응한다

	애플(세계 1등 주식)	주식비율
전고점	182.01	
-2.5%	177.46	10%
-5.0%	172.91	20%
-7.5%	168.36	30%
-10.0%	163.81	40%
-12.5%	159.26	50%
-15.0%	154.71	60%
-17.5%	150.16	70%
-20.0%	145.61	80%
-22.5%	141.06	90%
-25.0%	136.51	100%

말뚝박기는 리밸런싱과 반대다. 리밸런싱이 떨어질 때마다 '파는' 방식이라면 말뚝박기는 떨어질 때마다 '사는' 방식이다. 다만 말뚝박기는 특수상황이다. 나스닥 -3%가 뜬 상황이기 때문이다. 제로금리일 때도 리밸런싱과 함께 이 말뚝박기 -25%표를 쓴다. 연준이 주식시장의 뒤를 봐줄 때는 25% 이상 떨어지지 않는다는 뜻이다. 대표적인 예가 제로금리 와중에 공황이 온 2011년 미국 신용등급 위기다.

다만 리밸런싱처럼 현금 비율이 아니라 주식 비율이다. 예를 들어 나스닥 -3%가 떴는데 애플은 -2.5% 떨어져서 177.46달러가 되었다면 주식을 10%만 남기고 90%를 매도한 후 현금화한다. 그리고

-5%가 떨어진다면 다시 주식 10%를 사서 애플 20%를 만든다.

이렇게 다시 사는 것을 바로 말뚝박기라 한다. 매수 기준은 장중이다. 따라서 우리가 자는 동안에도 주식을 살 수 있도록 자동매수를 항상 걸어 놓아야 한다.

-50% 표는, 제로금리가 아니고 연준이 금리를 올리기 시작했을 때 활용하는 말뚝박기 표다. -3%가 뜨면 비율대로 팔지만 살 때는 2.5%가 아니라 5% 떨어졌을 때 산다. 제로금리가 아니라는 것은 연준이 더 이상 경기부양에 신경을 쓰지 않는다는 의미이기 때문이다. 따라서 주식시장이 최대 50%까지 빠질 수 있다는 것을 전제하고 있다. 대표적인 예가 2008년 금융위기, 2018년 연준 이자율위기,

표_말뚝박기 −50% 표_장중 기준으로 대응한다

	애플(세계 1등 주식)	주식비율
전고점	182.01	0%
−5%	172.91	10%
−10%	163.81	20%
−15%	154.71	30%
−20%	145.61	40%
−25%	136.51	50%
−30%	127.41	60%
−35%	118.31	70%
−40%	109.21	80%
−45%	100.11	90%
−50%	91.01	100%

반복되는 상승과 하락 사이에서 **지속적으로 기회 잡는 법**

2020년 코로나 위기다.

말뚝박기 방법은 -25% 표와 같다. 나스닥 -3%가 뜨면 비율대로 매도하고 구간에 따라서 10%씩 매수한다.

매뉴얼 5

- **V자 반등 리밸런싱**: 리밸런싱 또는 말뚝박기를 하다가 2구간 이 올라가면 종가 기준으로 전량 매수한다. 리밸런싱중에는 -25%만 사용하고, 말뚝박기중에는 제로금리 -25%, 금리인상 시기 -50% 표를 사용한다.

표_V자 반등 리밸런싱 -50% 표_종가 기준으로 대응한다

	애플(세계 1등 주식)	주식비율
전고점	182.01	0%
-5%	172.91	10%
-10%	163.81	20%
-15%	154.71	30%
-20%	145.61	40%
-25%	136.51	50%
-30%	127.41	60%
-35%	118.31	70%
-40%	109.21	80%
-45%	100.11	90%
-50%	91.01	100%

V자 반등 리밸런싱을 만든 이유는 대부분의 공황이 순식간에 끝났기 때문이다. 주식이 오르기 시작하면 V자 반등이 일어났다. 따라서 기간보다는 리밸런싱과 말뚝박기처럼 가격으로 보는 것이 맞다고 봤다.

예를 들어 애플이 지속적으로 떨어져 -45% 구간인 100.11달러까지 떨어졌다. 그래서 주식 90%, 달러 10%를 가지고 있다고 치자. 위기의 끝은 2구간, 즉 -35% 구간인 118.31달러까지 종가에 올라갔다면 그때는 남은 달러 10%로 주식을 사서 100%로 맞추는 것이다.

⭐ 결론

매뉴얼은 이것 말고도 더 많다. 그러나 크게 보면 이렇게 5개의 매뉴얼이 근간을 이룬다. 그리고 매뉴얼의 추가 수정은 현재도 진행중이다. 수정하는 이유는 아직 우리가 모르는 위험에 대비하고 더 좋은 수익률을 거두기 위해서다.

매뉴얼을 만든 이유는 나를 포함한 수많은 개미들이 주식시장이라는 전쟁터에서 매뉴얼만 지킨다면 최소한의 노력으로 피같은 자산을 지킬 수 있겠다고 믿었기 때문이다. 자본주의에서 자산을 잃으면 자유도 노후도 건강도 가족도 잃는다.

2장

왜 굳이 리밸런싱을 해야 하나?

리밸런싱은 나스닥지수에 -3%가 뜨기 전까지 2.5% 떨어질 때마다 파는 매뉴얼이다. 말뚝박기는 -3%가 뜨면 실행하는 매뉴얼로 일정 비율 떨어질 때마다 주식을 매수한다. 양적완화와 제로금리 기간중에는 최대 25% 떨어질 것에 대비해 사고, 양적완화와 제로금리가 끝나면 최대 50%까지 떨어질 것에 대비해 산다.

그렇다면 왜 굳이 피곤하게 리밸런싱을 해야 하는가? 시장효율가설이라는 말이 있다. 효율적 시장 가설이란 금융경제학에서 모든 시장 참여자가 완벽한 정보를 가지고 있을 때 자산가격이 균형에 도달한다는 이론이다. 모든 정보는 이미 가격에 반영되어 있으니 싸게 살 수 없고, 싸게 사려는 행위도 무의미 하다는 것이다. 심지어 인류의 종말까지 반영되어 있다는 말도 있다.

그렇다면 최선은 무엇인가? ETF를 사는 것이다. 어차피 호재건 악재건 반영이 즉시 실시간으로 되므로 시장을 이기는 것은 불가능하다. 그러니 당연히 시장수익률을 따라가야 돈을 벌 수 있다. ETF는 시장수익률을 가감없이 반영한다.

ETF 개념을 창시한 존 보글은 1970년 당시 존재한 355개의 펀드 중 2016년까지 S&P500지수를 1% 초과한 펀드는 10개밖에 되지 않으며, 35개는 시장 평균이었고 1% 이상 뒤진 펀드가 29개 그리고 나머지 281개는 사라졌다고 얘기했다. 즉 액티브 펀드도 시장을 이길 수 없으니 개미는 오죽하겠느냐는 말이다.

정보가 액티브 펀드보다 못한 개미로서는 ETF를 사는 것이 최선의 방법이라 할 수 있다. S&P500지수를 기준으로 보면, ETF는 역사적으로 평균 배당까지 포함하여 1년 수익률이 약 10.1% 정도 된다. 여기에 만족한다면 고민 없이 실행하면 된다.

그러나 시장효율가설이 완벽하게 다 맞는 것은 아니다. 때때로 틀릴 때가 있는데, 공황이 닥칠 때다. 주식이 폭포수처럼 떨어지는 공포가 몰려오면 투자자들은 일단 주식을 던지고 본다. 2008년 금융위기, 2018년 10월 금리인상위기, 2020년 코로나위기는 전고점 대비 30% 이상 떨어졌다. 투매의 결과다.

시장효율가설은 평소에는 잘 맞으나 공포가 몰려오는 시기에는 급락하는 비효율이 극에 달하는 경향이 있다. 그러나 공황을 극복하면 언제 그랬냐는듯이 효율적으로 변하며 우상향한다. 아무리 시장효율가설을 믿고 투자한다고 하더라도 이렇게 재산이 30% 이상 빠지며 비효율이 극에 달할 때는 견디기 힘든 것이 사람이다.

그러나 위기는 기회다. 주식 수를 늘릴 수 있는 최고의 찬스다. 비효율이 극에 달할수록 리밸런싱은 더 큰 기회를 준다.

생각해 보자. 위기에 주식 수를 늘리려면 어떻게 해야 하는가? 현금을 많이 들고 있어야 한다. 그래야 주식을 사서 주식 수를 늘릴 수 있다.

2020년 코로나 위기에 돈을 번 개미들은 주식을 한 번도 안 해본 사람들이었다. 그동안 주식을 하지 않았으니 현금이 있었고 30% 이상 아니 50% 이상 떨어진 주식을 기회라 생각하고 전재산을 올인해서 위기를 기회로 만들었다.

반면 주식에 이미 전재산을 넣고 있었던 사람들은 30% 이상 떨어졌을 때 오히려 손절을 해서 손해를 봤다. 3배 레버리지로 투자를 했던 사람은 강제매매로 300억 원이 0이 되는 기적도 벌어졌다.

결국 위기에서의 기회는 현금을 들고 있는 사람들의 몫이다. 문제는 언제 위기가 오는지 모른다는 것이다. 떨어질 시기를 안다면 주식을 전부 빼서 현금화했다가 전고점 대비 30% 떨어졌을 때 기가 막히게 들어가면 엄청난 돈을 벌 것이다.

그러나 그러한 기회는 오지 않는다. 오히려 위기가 올 것 같아서 100% 현금화해 놓았는데 떨어지기는커녕 지속적으로 주가가 올라서 다시 들어갈 시기를 못 잡는 경우가 허다하다. 이렇게 예측만 하다가는 고민하느라 머리숱만 빠지고 결과는 예상밖으로 나오기 마련이다.

그래서 가장 합리적인 방법이 바로 리밸런싱이다. 2.5% 떨어질 때마다 10%씩 팔면서 현금화하면 혹시 모를 위기에 그 현금으로 주식을 사면 된다. 위기는 주식 수를 늘릴 수 있는 절호의 기회가 된다. 만약 살짝 빠지다가 다시 오르는 경우라도 100% 현금화한 것이 아니기 때문에 2구간 올라갔을 때 바로 따라가면 된다(V자 반등 리밸런싱).

반면 떨어질 때마다 현금화하지 않고 버틴다면 소소하게 돈은 벌겠지만 언젠가 30%가 빠지는 공황이 오면 공포에 휘말릴 수 있고, 손절했다가 못 따라간다면 평생 후회할 수도 있다. 일생일대의 기회를 놓치는 것이다.

리밸런싱을 하면 주식이 떨어질 때 두렵지 않다. 리밸런싱을 제대로 하면 언젠가는 고스톱 삼점이 아니라 쓰리고에 따따블 치며 인생 역전할 수 있다.

⭐ 결론

리밸런싱은 위기를 기회로 만들어 부자가 되는 기술이다.

왜 리밸런싱은 2.5%인가?

리밸런싱은 평소 세계 1등 주식이 2.5% 떨어질 때마다 10%씩 파는 매뉴얼이다. 구간을 2.5%로 잡는 이유들은 다음과 같다.

① 평상시

평상시는 위기가 아니기 때문에 2.5%로 정했다. 위기가 아니기 때문에 팔지 않고 움켜쥐고만 있는 것이 아니라, 평상시에도 습관적으로 헤지를 하는 용도다.

2.5% 떨어질 때마다 10%씩 10번 팔면 주식 보유율은 0%가 된다. 즉 위기가 아닐 때는 최대 25% 이상 떨어지지 않는다는 가정이 내포되어 있다.

② 안전

5%보다는 2.5% 떨어질 때마다 주식을 팔아야 더 안전하다. 주식은 위험자산이기에 조금이라도 떨어지면 분할 매도를 시작해야 한다.

③ 대응

분할로 팔았어도 5% 오르면 바로 산다. 따라서 2.5%로 리밸런싱을 하면 시장에 빠르게 대응할 수 있다.

이처럼 샀다 팔았다를 반복하면 계좌가 녹을 것이라 예상하지만 전혀 그렇지 않다. 나스닥 40년간의 데이터를 바탕으로 보면 한 번 떨어지기 시작한 주가는 지속적으로 떨어지는 관성이 있고, 다시 오르기 시작하면 지속적으로 오르는 특성을 보인다.

그리고 공황과 같은 큰 위기는 2.5%씩 몇 번 빠지다가 나스닥 -3%가 뜨며 본격적인 급락 혹은 하락세로 들어선다.

증시 전체가 아니라 개별주식을 보아도 리밸런싱이 특효약이다. 2011년 1분기, 세계 1등 주식이던 애플은 나스닥에 -3%가 한 번도 뜨지 않았고, 2등과 순위바뀜이 일어나지 않았음에도 무려 45% 폭락한 적이 있다. 이때 리밸런싱으로 대응했다면 25% 빠졌을 때 한 주의 애플도 들고 있지 않았을 테고, 오히려 주식 수를 크게 늘릴 기회였다. 이처럼 리밸런싱은 평상시에 위험을 감지하는 수단이자, 위기 시 주식 수를 늘릴 기회를 준다.

3장 | 매뉴얼과 욕망

인간은 욕망의 덩어리다. 움켜쥔 욕망을 절대 버릴 수 없다. 그러나 과도한 욕망은 욕심이고, 욕심은 실패를 낳는다. 욕심을 버리면 마음이 편하다.

리밸런싱을 택했다면 손해보지 말아야겠다는 생각을 버리자. 리밸런싱은 때때로 손해도 발생한다. 2.5% 떨어지고 5% 올라서 산다면 0.512% 손해다. 이런 일은 지난 3년간(2019년~2021년) 6번 발생했으며 퍼센트로 따지면 31.25%였다.

반대로 68.75%는 리밸런싱이 이득이었다. 그러니 결국 리밸런싱이 이득이다. 그러나 귀납법적인 확률은 미래에도 이득이 될 것이라고 믿음을 주지는 못한다. 과거는 과거고 미래는 미래니까 말이다.

리밸런싱을 하는 이유는 무엇일까? 마음의 평안을 가져오며 때때로 그동안의 자잘한 손해를 상쇄할 만큼 큰 기회를 제공하기 때문이다. 털끝만큼의 손해도 바라지 않는다면 그냥 팔지 않고 하락의 고통을 견디면 된다. 세금이 너무 아깝다면 아무것도 하지 말라. 12.5%(세금) 이상 하락하면서 얻을 수 있는 큰 기회도 없을 것이다. 지난 3년간 31.25%, 즉 3번 중 1번은 12.5% 이상 떨어졌다.

긍정적으로 생각하자. 리밸런싱을 한다고 2.5% 떨어져서 10%를 팔았는데 5%가 올라서 다시 사야 했다면 그래도 팔지 않고 가지고 있던 90%는 오른 것이니 이득이라 생각하라는 말이다. 2.5% 떨어져서 10%를 팔았는데 2.5%가 더 떨어졌다면 더 많은 주식을 살 수 있는 기회이니 이득이라 생각하자. 그러나 아무리 생각해도 팔았는데 올라서 포모가 두렵다면 매뉴얼을 지키지 말고 존버를 택해야 한다.

안전한 투자 4%를 원하는가, 위험한 투자 8%를 원하는가? 15%쯤 하락하면 경제적인 타격뿐 아니라 끊임없는 근심과 걱정에 시달린다. 리밸런싱은 안전한 투자고 존버는 위험한 투자다. 위험은 경제적 위험뿐 아니라 건강의 위험도 있음을 알아야 한다.

단지 경제적인 부분만 이야기하는 것이 아니다. 신체적 건강도 위험해진다. 떨어져서 잠을 못 잔다면 가장 큰 것을 잃을 수 있다. 돈 벌어서 잘 먹고 잘 살려고 하는데 걱정만 하다가 인생 허비하고 건강 다치면 모두 다 잃고 만다.

욕심 없는 사람은 없다. 더 많은 돈을 벌어 이제껏 엇비슷하게 살던 사람들을 따돌리고 잘 살기를 원한다. 그래서 조금이라도 손해를 볼 듯하면 탐욕이 올라온다. 팔았는데 오르면 다시 사고 싶고, 샀는데 떨어지면 다시 팔고 싶은 것이 사람의 욕망이다.

그래서 무리수를 둔다. 매뉴얼은 2구간 올라와야 다시 사는 것인데 오르는 것을 보니 손해 같아 성급히 샀다가 떨어지기라도 한다면 마음의 안정도 잃고 주식도 싸게 못 사게 된다. 위험이 가시지 않았는데 욕심을 부려 일을 망치는 경우다. 대부분 내가 사고 싶으면 팔아야 하고 팔고 싶으면 사야 한다.

변동성이 큰 사회일수록 속물성이 강하다. 계층의 사다리가 닫히기 전에 더 빨리 올라야 한다고 생각한다. 돈 있다고 품위 있는 것은 아니지만 돈이 없다면 품위 있게 살 수 없다.

자본주의에서는 사회적 성공을 수입으로 판단한다. 돈을 번다는 것은 지식의 척도다. 돈을 번 사람들은 똑똑하다는 사실을 증명한 것이고 돈을 못 번 사람은 똑똑하지 못한 사람으로 취급 받는다.

누구도 바보 취급 받기를 좋아하지 않는다. 그렇기 때문에 시장이 불안해지면서 주가가 떨어지면 마음은 더 조급해지고 판단력을 잃는다. 그리고 매뉴얼을 무시하고 매매하다 더 큰 피해를 입는다. 그러나 리밸런싱으로 위기에 주식 수를 줄여 놓고 크게 떨어지는 장에 들어서면, 그제서야 미리 현금을 확보해 놓는다는 것이 어떤 의미인지 비로소 절감하게 된다. 남들이 울 때 홀로 웃을 수 있다.

★ 결론

매뉴얼은 때로 존버보다 손해일 수 있다. 그러나 매뉴얼은 확률적으로 그동안의 자잘한 매매로 입었던 손실을 메우고도 남을만큼 큰 돈을 벌 수 있는 기회를 준다. 욕심을 버리고 매뉴얼을 따른다면 마음의 평안과 함께 큰 기회를 잡을 수 있다.

4장

V자 반등 리밸런싱 매뉴얼의 구체적인 활용법 (2구간 상승하면 올인)

말뚝박기란 리밸런싱을 하다가 나스닥에 -3%가 뜨면 오를 때는 사지 않고 2.5%(제로금리 시) 또는 5%(기준금리 인상 시) 떨어질 때마다 10%씩 사면서 말뚝을 박는 것이었다.

여기에서 설명할 V자 반등 리밸런싱이란 기존 리밸런싱과 동일하게 적용한다. 떨어질 때마다 말뚝을 박다가 주가가 되려 2구간 오르면 남은 현금을 세계 1등 주식에 올인하는 방식이다. 나는 기존에 2.5% 오르고 내릴 때마다 사고 파는 매뉴얼을 사용해 왔으나 이를 최종 폐기했다. 잦은 매매로 수수료가 너무 많이 발생했기 때문이다.

그런데 2구간 상승해서 올인한 이후 주가가 다시 떨어진다면 어떻게 해야 하는가?

예를 들어 애플 주가가 15.0% 구간인 154.71달러까지 떨어졌다. 말뚝박기 60%, 현금 40%가 되었다. 그런데 V자 반등을 해서 170달

표_애플 전고점 182.01달러 말뚝박기 표

	애플	말뚝박기
전고점	182.01	
−2.5%	177.46	10%
−5.0%	172.91	20%
−7.5%	168.36	30%
−10.0%	163.81	40%
−12.5%	159.26	50%
−15.0%	154.71	60%
−17.5%	150.16	70%
−20.0%	145.61	80%
−22.5%	141.06	90%
−25.0%	136.51	100%

러가 되었다. 154.71달러 이하에서 2구간 상승이면 주가가 163.81 달러 이상일 경우에 해당한다. 따라서 V자 반등 리밸런싱을 적용하 자면 말뚝박기 60%, V자 반등 리밸런싱 40%가 된다. 비중으로 따 지면 주식 100%다.

일단 상승을 하면 나스닥 -3%가 끝나는 한 달+1일을 기다리면 된다. 문제는 하락이다. 얼마까지 하락해야 파는가? 다음 말뚝박기 지점인 3구간 이하로 떨어지면 리밸런싱했던 주식 40%를 전량 매 도한다.

즉 -17.5% 구간 150.16달러 이하로 떨어지면 리밸런싱 했던 40%를 현금화한다. 그리고 말뚝박기를 다시 시작한다. 이럴 경우

반복되는 상승과 하락 사이에서 **지속적으로 기회 잡는 법**

말뚝박기 70%, 현금 30%가 된다. 그 전에는 상승하든 하락하든 전혀 사고 팔지 않는다.

3구간 이하는 기준가이다. 154.71달러까지 떨어졌다가 2구간이 오른 163.81달러가 된다. 그러다가 3구간인 150.16달러 이하로 떨어지면 그때 40% V자 반등 리밸런싱 했던 주식을 모두 다시 현금화한다.

V자 반등 이후 주가가 계속 올랐다면 좋았겠지만, 다시 떨어져서 현금화했을 경우 수수료는 과연 얼마나 발생할까? 현금 전부가 아닌 40%만 샀다가 팔았고 매수 매도 2번의 수수료가 발생한다. 키움증권의 해외증권 수수료 혜택인 0.07%를 적용한다.

$$0.07\%(수수료) \times 0.4(총 자산의 40\%) \times 2(2번 사고 팔았음) = 0.056\%$$

예를 들어 총자산이 1억 원이라면 현금 4000만 원으로 사고팔아 총 수수료는 56,000원이다. 생각보다 크지 않다. 만약 10억 원이라면 4억 원에 대한 수수료 56만 원이고, 100억 원이라면 40억 원에 대한 수수료 560만 원이다.

V자 반등을 했다가 7.5%가 떨어져 팔았다면 7.5%가 손실인가? 아니다. 7.5% 손실이 아닌 수수료만 손실이다. 핵심은 나중에 평단가가 어떤 것이 더 낮은가이다.

예를 들어 말뚝박기만 했을 경우 60%의 주식에 165달러 정도의 평단가이고 현금은 40%이다. 나중에 40%의 현금을 언제 박느냐에 따라 누가 이득인지가 나온다. 만약 -3%가 끝나는 날 175달러가 넘어서 박는다면 평단가는 170달러까지 올라갈 것이다. 물론 주식 수도 줄어든다.

그러나 145이하로 떨어졌다 다시 V자 반등을 해서 40%의 현금을 V자 반등 리밸런싱을 해서 샀다면 150달러에서 평단가가 형성된다. 이러면 주식 수도 많아지고 평단가도 낮아진다.

말뚝박기는 장중에라도 해당 액수까지 떨어지면 사면 된다. 따라서 구간마다 자동매매를 걸어 놓는 것이 좋다. 리밸런싱과 V자 반등리밸런싱은 종가 기준이다. 따라서 종가를 확인하고 사고팔아야 한다.

⭐ 결론

-3%가 뜨고 말뚝박기를 하다가 2구간 상승하면 V자 반등이 일어났다고 보고 남은 현금을 올인한다. V자 반등이 일어났는데 다시 3구간 떨어지면 V자 반등 리밸런싱 주식을 전량 매도 후 말뚝박기에 들어간다.

삶 그 자체를 위해 영위된 적이 없다면 공허하다

뼈 때리는 팩폭

주어지는 건 오로지 소비의 자유뿐

우리는 대부분 노예로 태어났다. 우리는 상품시장에서 '나'를 팔기 위해 공부를 하고 학벌을 만들고 스펙을 쌓는다. 자본이 없기에 자신의 몸을 팔아 돈을 벌어야 하기 때문이고, 그것이 바로 노예의 삶이다.

치열한 노력 끝에 조직에 들어간다. 안도감도 잠시, 이후 조직에서 노예의 삶이 시작된다. 조직에서 노예는 자유가 없다. 밥값을 하려면 근무시간 내내 열심히 일을 해야 한다. 이 원칙을 지키지 않으면 직장에서 잘리고, 월급을 받던 일상에 금이 가고 만다.

그렇다면 이 불쌍하고 자발적인 노예에게 언제 자유가 주어지는가? 퇴근 이후다. 퇴근을 하면 억눌렸던 마음이 풀어지는데 이것은 그저 기분 탓이 아니다. 실제 나의 자유가 시작되기 때문이다.

그러나 자유는 소비의 자유에 한정된다. 술을 마시거나 밥을 먹거나 넷플릭스를 보거나 따뜻한 방안에서 잘 수 있는 자유다. 그러나 그것은 소비의 자유다. 소비의 자유를 누릴 수 있는 이유는 우리에게는 노동의 대가로 받은 돈이 있기 때문이다. 술, 밥, 넷플릭스, 따뜻한 방은 우리가 누군가에게 돈을 지불했기 때문에 얻을 수 있었다. 따라서 자유는 소비의 자유로 한정되는 것이다. 그래도 노예는 퇴근을 기다리고 주말을 고대하며 휴가를 앙망한다.

생산의 자유는 주어지지 않는다

노예에게 소비의 자유는 허락되어도 생산의 자유는 주어지지 않는다. 우리가 사는 사회가 고도로 분업화된 자본주의이기 때문이다. 고도로 분업화된 자본주의는 노동자에게서 생산의 즐거움을 빼앗아 간다.

마르크스는 생산에서 배제되는 노동자들은 노동에서 소외된다고 생각했다. 노동자는 임금을 받고 자본가에게 고용되기 때문에 초과노동에 시달린다. 자본가는 더 많은 이익을 얻기 위해 노동자에게 임금보다 더 많은 노동을 시킨다. 따라서 노동자의 임금은 떨어지고 가난하게 된다. 결국 노동자는 벽돌을 지고 올려 건축물을 건설했지만 처음부터 끝까지 다 만든 것이 아니기에 내가 분업에 참여했어도 아파트는 낯선 것이다. 벽돌을 올렸던 사람이 "저 아파트는 내가 지은 것이다"고 자신있게 말할 수 없는 이치다.

이것이 노동자가 자신의 생산물에서 소외되는 이유다. 노동자는 소비의 자유만 있지 생산의 자유는 없다.

자본주의가 우리에게 강요하는 것

자본주의는 우리에게 생산보다는 소비를 강요한다. 그래야 노예가 소비로 쓴 돈을 거둬들이고 다시 노예에게 돈을 벌 노동을 강요할 수 있기 때문이다. 그래서 우리는 항상 반쪽의 자유만을 누린다. 소비의 자유는 돈이 있을 경우에만 누리는 한시적인 자유다. 자본주의에서 좋은 삶이란 생산과 소비의 자유를 같이 누리는 삶이다.

《얼마나 있어야 충분한가》라는 책에서 스키델스키 부자는 여가의 중요성을 이렇게 말했다.

"여가란 일을 하지 않는 상태가 아니라 외적 강제 없이 자신이 정말로 원하는 일에 몰입하는 적극적인 활동을 의미한다. 여가가 없는 삶은 다른 무언가를 위해서만 바쳐졌을 뿐 실제로는 삶 그 자체를 위해 영위된 적이 없다는 점에서 공허할 수밖에 없다."

여가는 단순히 일이 없는 상태가 아니다. 생산의 자유를 의미한다. 여가는 외적 강제 없이 자신이 정말로 원하는 일에 몰입하는 적극적인 활동이라고 할 수 있다. 다르게 말하면 '돈 안 되는 취미활동', 즉 경제적으로 얽매이지 않는 생산활동을 말한다.

영화 〈와이키키 브러더스〉에서처럼 돈을 벌기 위해 룸싸롱에서 기타를 치는 행위를 여가라고 하지는 않는다.

여가는 목공일 수도 있고 공예일 수도 있고 낚시일수도 있다. 혹은 기타를 치는 행위도 해당된다. 단지 그것은 경제적인 이유 때문에 억지로 하는 돈벌이가 아닌 내가 정말로 하고 싶어 하는 생산활동이어야 한다.

⭐ 결론

여가가 없는 삶은 다른 무언가를 위해서만 바쳐졌을 뿐 실제로는 삶 그 자체를 위해 영위된 적이 없다는 점에서 공허할 수밖에 없다. 즉 생산의 자유, 여가가 없다면 나는 고용주에게 고용되어 임금을 받고 물건을 만들었을 뿐 나의 삶을 위해 무언가를 만들지 않았기에 내 삶 자체가 의미 없어진다는 뜻이다. 따라서 자본주의에서는 생산과 소비의 자유를 온전히 누려야 진정한 자유인이다.

5장

2020년 코로나위기 V자 반등 리밸런싱 적용 사례

2020년 발생한 코로나 위기로 인해 주가는 단기간 크게 폭락했다. 이때 V자 반등 리밸런싱을 적용해 보았다.

리밸런싱

평상시에는 세계 1등 주식(현재는 마이크로소프트) 주가가 2.5% 떨어질 때마다 10%씩 매도하면서 리밸런싱을 한다. 경제에 아무 문제가 없더라도 리밸런싱을 하면서 주가 하락에 대한 대비와 함께 주식 수를 늘려가는 전략을 유지한다.

	애플	리밸런싱
전고점	81.8	
-2.5%	79.76	10%

−5.0%	77.71	20%
−7.5%	75.67	30%
−10.0%	73.62	40%
−12.5%	71.58	50%
−15.0%	69.53	60%
−17.5%	67.49	70%
−20.0%	65.44	80%
−22.5%	63.40	90%
−25.0%	61.35	100%

말뚝박기

어느날 나스닥에 -3%가 뜨면 5% 떨어질 때마다 10%씩 말뚝을 박는다(매수).

V자 반등 리밸런싱

다음은 2020년 발생한 코로나 위기에서 V자 반등 리밸런싱을 적용한 표다.

	애플	말뚝박기	V자 반등 리밸런싱
전고점	81.80	0%	
−5%	77.71	10%	
−10%	73.62	20%	
−15%	69.53	30%	

반복되는 상승과 하락 사이에서 **지속적으로 기회 잡는 법**

−20%	65.44	40%	
−25%	61.35	50%	
−30%	57.26	60%	40%
−35%	53.17	70%	
−40%	49.08	80%	
−45%	44.99	90%	
−50%	40.90	100%	

표_수수료를 적용한 V자 반등 리밸런싱

날짜	이벤트	주가	상승률	현금	말뚝박기	리밸런싱	리밸런싱 수수료 손해
2020년 2월 12일	애플 전고점 81.80 달러	81.80	2.37%				
2020년 2월 18일	누적 −2.5% 하락	79.75	−2.26%	10%			
2020년 2월 24일	누적 −7.5% 하락	74.54	−4.75%	30%			
2020년 2월 25일	누적 −10% 하락	72.02	−3.39%	40%			
2020년 2월 27일	−3% 발생 말뚝박기 시작	68.38	−6.54%	70%	30%		
2020년 3월 02일	V자 반등 리밸런싱 발생 누적 10% 구간 상승	74.70	9.31%	0%	30%	70%	
2020년 3월 12일	누적 −20% 하락, 리밸런싱 70%, 매도 구간, 수수료 발생	62.06	−9.88%	60%	40%		0.098%
2020년 3월 16일	누적 −25% 구간	60.55	−12.86%	50%	50%		
2020년 3월 23일	누적 −30% 구간	56.09	−2.12%	40%	60%		
2020년 4월 6일	V자 반등 리밸런싱 발생 누적 10% 구간 상승	65.62	8.72%	0%	60%	40%	
2020년 6월 23일	공황 끝 − 8거래일 상승	91.63					0.098%

코로나 위기에서 V자 반등 리밸런싱을 했다면 단 한 번의 수수료만 발생되었다. 표만 봐서는 모를테니 하루하루를 자세히 분석해 보자.

▶ **2020년 2월 12일**

애플이 전고점 81.80달러에 도달한 날이다. 이후 떨어지기 시작한다.

▶ **2020년 2월 18일**

누적 -2.5% 하락했다. 리밸런싱 시작이다. 주식 10%를 매도했다. 비중은 현금 10%, 주식 90%다.

▶ **2020년 2월 24일**

누적 -7.5% 하락했다. 주식 20%를 추가로 매도했다. 현금 30%, 주식 70%.

▶ **2020년 02월 25일**

누적 -10% 하락했다. 주식을 10% 추가 매도했다. 현금 40%, 주식 60%.

▶ **2020년 2월 27일**

나스닥에 -3%가 최초로 발생했다. 말뚝박기 시작 시점이다. 현재 주가는 68.38달러이다. 전고점 대비 -15% 구간이다. 코로나 위기는 제로금리가 아니므로 5% 떨어질 때마다 10%씩 말뚝을 박는다. 말뚝박기 30%, 현금 70%.

▶ **2020년 3월 2일**

V자 반등 리밸런싱이 발생했다. 말뚝박기 최저 구간에서 누적으로 10% 구간 V자 반등했다. 하루에 9.31%가 오르면서 74.70 달러에 장을 마쳤다. 따라서 2구간 이상 상승했으므로 현금 70%를 전액 올인한다. 말뚝박기 30%, V자 반등 리밸런싱 70%.

▶ **2020년 3월 12일**

누적으로 20%까지 떨어졌다. 즉 V자 리밸런싱 올인 후 다시 누적으로 3구간인 15%가 떨어진 것이다. 62.06달러까지 떨어졌고 하루에 -9.88%가 떨어졌다. V자 반등 리밸런싱을 했던 주식을 다시 매도했고, 이때 수수료가 발생했다.

수수료 산식은 0.07%×0.7×2=0.098%로 0.07%는 수수료, 0.7은 총 자산의 70%을 의미하고, 2는 2번 사고 팔았음을 나타낸다. 합은 0.098%다.

만약 1억 원이라면 70%인 7천만 원에 대해 98,000원의 수수료가 발생했고, 10억 원이라면 98만 원, 100억 원이라면 980만 원이다.

▶ **2020년 3월 16일**

누적 -25% 구간(60.55달러)까지 떨어졌다. 말뚝박기 50%, 현금 50%.

▶ **2020년 3월 23일**

누적 -30% 구간(56.09달러)까지 떨어졌다. 말뚝박기 60%, 현금 40%.

▶ **2020년 4월 6일**

V자 반등 리밸런싱이 발생했다. 누적으로 10% 구간 상승이 일어났다. 65.62달러까지 올랐고, 따라서 현금 40%를 올인한다. 말뚝박기 60%, V자 반등 리밸런싱 40%.

4월 6일 이후에는 한 번도 3구간 하락이 일어나지 않았다. 공황이 끝나는 6월 23일보다 약 2달 20일 정도가 빨랐다.

▶ **2020년 6월 23일**

공황이 끝났다. 8거래일 상승일이다. 주가는 91.63달러까지 올랐다.

⭐ **결론**

① 기존 말뚝박기만 했을 때보다 V자 반등 리밸런싱을 했을 때의 수익률은 약 25.24% 좋다.

② 새로운 V자 반등 리밸런싱을 적용했다면 2020년 코로나 위기에 포모를 겪지 않아도 되었고 수익률도 좋았다.

6장

2018년 연준 이자율 위기 V자 반등 리밸런싱 적용 사례

2018년 연준의 이자율 위기 상황을 V자 반등 리밸런싱으로 사례를 분석해 보자.

리밸런싱

전고점은 58.02달러다. 2.5% 떨어질 때마다 10%씩 매도한다.

말뚝박기

나스닥에 -3%가 뜨고 5% 떨어질 때마다 10%씩 말뚝을 박는다. 2018년 10월은 제로금리 기간이 아니었기 때문에 5%로 잡는다.

2018년 연준 이자율 위기 사례 분석

수수료를 적용한 V자 반등 리밸런싱 상황은 다음과 같다.

날짜	이벤트	주가	상승률	현금	말뚝 박기	리밸런싱	리밸런싱 수수료 손해
2018년 10월 3일	애플 전고점	58.02	1.22%				
2018년 10월 5일	전고점 대비 누적 2.5% 하락	56.07	-1.63%	10%		90%	
2018년 10월 10일	-3% 발생 말뚝박기 시작, 누적 - 5% 구간 하락	54.09	-4.64%	90%	10%		
2018년 11월 2일	누적 -10% 구간 하락	51.87	-6.62%	80%	20%		
2018년 11월 12일	누적 -15% 구간	48.54	-5.05%	70%	30%		
2018년 11월 20일	누적 -20% 구간	44.24	-4.80%	60%	40%		
2018년 11월 23일	누적 -25% 구간	43.07	-2.56%	50%	50%		
2018년 12월 19일	누적 -30% 구간	40.22	-3.13%	40%	60%		
2018년 12월 21일	누적 -35% 구간	37.68	-3.90%	30%	70%		
2019년 1월 3일	누적 -40% 구간, - 애플 최저점 마지막 나스닥 -3% 발생 시점	35.55	-9.95%	20%	80%		
2019년 1월 30일	V자 반등 리밸런싱 발생 누적 10% 구간 상승 누적 -30% 구간	41.31	6.83%		80%	20%	
2019년 2월 4일	-3%가 끝나고 들어가는 시점	42.81		4%	0.73%		
합계							0.00%

반복되는 상승과 하락 사이에서 **지속적으로 기회 잡는 법**

표만 봐서는 이해가 쉽지 않으므로 이 또한 하루하루를 복기해 보자.

▶ **2018년 10월 3일**

애플 전고점 58.02달러이다.

▶ **2018년 10월 5일**

애플 주가가 전고점 대비 누적 2.5% 하락했다. 나스닥에 -3% 가 뜨지 않았으니 리밸런싱 구간이다. 2.5%떨어질 때마다 주식 10%씩 판다. 현금 10%, 리밸런싱 90%.

▶ **2018년 10월 10일**

나스닥 -3%가 발생했으며 연준 이자율 위기의 시작 지점이다. 애플은 누적으로 -5% 구간 하락했다.

나스닥 -3%가 뜨면 비율대로 파는 것이다. 이때는 제로금리 구간이 아니기 때문에 -3%가 뜨면 25%가 아닌 50% 말뚝박기 구간으로 진행한다. 따라서 5% 떨어질 때마다 10%씩 말뚝을 박는다. 현금 90%, 말뚝박기 10%.

▶ **2018년 11월 2일**

누적 -10% 구간 하락했다. 현금 80%, 말뚝박기 20%.

▶ **2018년 11월 12일**

누적 -15% 구간 하락했다. 현금 70%, 말뚝박기 30%.

▶ **2018년 11월 20일**

누적 -20% 구간 하락했다. 현금 60%, 말뚝박기 40%.

▶ **2018년 11월 23일**

누적 -25% 구간 하락했다. 현금 50%, 말뚝박기 50%.

▶ **2018년 12월 19일**

누적 -30% 구간 하락했다. 현금 40%, 말뚝박기 60%.

▶ **2018년 12월 21일**

누적 -35% 구간 하락했다. 현금 30%, 말뚝박기 70%.

▶ **2019년 1월 3일**

누적 -40% 구간 하락했다. 이때가 애플 최저점이다. 2019년 1월 4일 파월의 이자율 연설을 앞두고 마지막 나스닥 -3%가 발생했던 시점이다. 현금 20%, 말뚝박기 80%.

▶ **2019년 1월 30일**

10% 상승 구간이 나타나 V자 반등 리밸런싱이 발생했다. 누적으로는 -30% 구간이다. 말뚝박기 80%, V자 반등 리밸런싱 20%로 올인했고, 주가는 41.31달러이다.

▶ **2019년 2월 4일**

-3%가 끝나고 들어가는 시점이다. 2019년 1월 3일에 -3%가 뜨고 한 달+1일 이후인 날이 2월 4일이기 때문이다. 이때 주가는 42.81달러이다.

⭐ 결론

① 기존 말뚝박기보다 V자 반등 리밸런싱의 수익률은?

말뚝박기를 했을 때인 42.81달러보다 41.31달러에서 샀으므로 약 4%가 이득이다. 그러나 20%의 현금에 대해서만 수익률을 매겨야 하므로 약 0.73% 이득이다. 최종적으로 V자 반등 리밸런싱이 기존 말뚝박기보다 나은 수익률을 거뒀다.

② V자 반등 리밸런싱을 했다면 포모도 없었고 한 번의 수수료도 내지 않았다.

말뚝박기는 떨어질 때만 산다. 그런데 V자 반등 리밸런싱은 올랐다가 떨어지면 말뚝박기와 다르게 수수료 손실이 발생한다. 그래서 V자 반등 리밸런싱을 말뚝박기와 비교해서 손해보는 수수료를 말하는 것이다.

7장

2011년 미국 신용등급 위기 V자 반등 리밸런싱 적용 사례

2011년 8월 5일 발생한 미국 연방정부 신용등급 강등은, 미국의 신용평가기관 스탠더드 앤드 푸어스(S&P)가 미국이 발행하는 채권(국채)의 신용등급을 트리플A(AAA)에서 더블A플러스(AA+)로 한 등급 내린 사건이다. 나스닥은 2011년 8월에만 -3%가 4번 뜨면서 공황을 맞이했다. 2011년 8월의 세계 1등은 엑슨모빌이다. 2011년 8월은 연준의 제로금리 기간이므로 말뚝박기와 V자 반등 리밸런싱은 2.5%로 설정한다. 당시 엑슨모빌의 전고점은 85.22달러였고, 리밸런싱을 진행하면서 주식을 보유하면 된다.

엑슨모빌 말뚝박기, V자 반등 리밸런싱

엑슨모빌의 바닥은 68.04달러였고, 말뚝박기 80% 구간이었다.

엑슨모빌 말뚝박기와 V자 반등 리밸런싱 표는 다음과 같다.

	엑슨모빌	말뚝박기	V자 반등 리밸런싱
전고점	85.22		
−2.5%	83.09	10%	
−5.0%	80.96	20%	
−7.5%	78.83	30%	
−10.0%	76.70	40%	
−12.5%	74.57	50%	
−15.0%	72.44	60%	
−17.5%	70.31	70%	20%
−20.0%	68.18	80%	
−22.5%	66.05	90%	
−25.0%	63.92	100%	

2011년 미국 신용등급 위기 사례분석

수수료를 적용한 V자 반등 리밸런싱 표는 다음과 같다.

날짜	이벤트	주가	상승률	현금	말뚝박기	리밸런싱	리밸런싱 수수료 손해
2011년 7월 22일	엑슨모빌 전고점	85.22	0.24%				
2011년 7월 28일	누적 2.5% 하락	81.46	−2.22%	10%		90%	
2011년 7월 29일	누적 5.0% 하락	79.79	−2.05%	20%		80%	
2011년 8월 2일	누적 7.5% 하락	77.84	−2.21%	30%		70%	

날짜	설명						
2011년 8월 4일	나스닥 -3% 발생 (-5.08%) 말뚝박기 시작 누적 12.5% 하락.	73.84	-4.99%	50%	50%		
2011년 8월 8일	누적 17.5% 하락	70.19	-6.19%	30%	70%		
2011년 8월 10일	누적 20% 하락 엑슨모빌 최저점	68.03	-5.04%	20%	80%		
2011년 8월 15일	V자 반등 리밸런싱 발생 누적 5% 구간 상승	74.29	3.18%		80%	20%	
2011년 8월 18일	나스닥 마지막 -3% 발생 공황 발생, 공황 끝은 두 달 +1일 이후인 10월 19일	70.94	-4.34%		80%	20%	
2011년 10월 19일	공황 끝	78.43	-0.58%				
합계		3.06					0.00%

엑슨모빌도 하루하루 복기해 보자.

▶ **2011년 7월 22일**

엑슨모빌 전고점은 85.22달러였다.

▶ **2011년 7월 28일**

전고점 대비 2.5% 이상 하락하여 81.46달러를 기록했다. 현금 10%, 리밸런싱 90%.

▶ **2011년 7월 29일**

전고점 대비 5.0% 하락하여 79.79달러를 기록했고, 현금 20% 리밸런싱 80%다.

▶ **2011년 8월 2일**

반복되는 상승과 하락 사이에서 **지속적으로 기회 잡는 법**

전고점 대비 7.5% 하락 77.84달러, 현금 30% 리밸런싱 70%.

▶ **2011년 8월 4일**

전고점 대비 10% 하락하며 나스닥 -3%가 발생했다. 이날 나스닥은 -5.08% 하락했고, 이에 따라 리밸런싱에서 말뚝박기로 변경한다. 전고점 대비 10% 하락은 말뚝박기 50%이므로 주식 20%를 더 팔아 현금 50%로 맞춘다. 현금 50% 말뚝박기 50%.

▶ **2011년 8월 8일**

누적 17.5% 하락으로 2계단 추가 하락했다. 현금 30%, 말뚝박기 70%.

▶ **2011년 8월 10일**

누적 20% 하락하여 엑슨모빌의 최저점 68.03달러를 찍었다. 현금 20%, 말뚝박기 80%.

▶ **2011년 8월 15일**

V자 반등 리밸런싱이 발생하였다. 누적 5% 구간 상승했기 때문이다. 말뚝박기 80%. V자 반등 리밸런싱 20%.

▶ **2011년 8월 18일**

나스닥에 마지막 -3% 하락이 나타나며 공황이 발생했다. 한 달에 4번 -3%가 뜨면 공황이다. 공황의 끝은 두 달+1일 이후인 10월 19일이다.

▶ **2011년 10월 19일**

공황이 종료되었다.

:star: 결론

① 기존 말뚝박기보다 V자 반등 리밸런싱의 수익률은?

1.11%가 좋았다. 기존의 말뚝박기는 78.43달러에 20% 현금을 집어 넣었으므로 74.29달러에 올인한 V자 반등 리밸런싱보다 수익률이 더 안 좋았다.

② 새로운 V자 반등 리밸런싱을 적용했다면 2011년 연준 이자율 위기에 포모는 없었고 수익률도 좋았다.

8장

2008년 금융위기
V자 반등
리밸런싱 적용 사례

2008년 금융위기에 V자 반등 리밸런싱 전략과 말뚝박기 전략을 비교해 보도록 하겠다. 당시 세계 1등 주식은 엑슨모빌이었다. 전고점이 81.18달러인 엑슨모빌은 평소에는 리밸런싱을 진행하며 보유한다.

엑슨모빌 말뚝박기, V자 반등 리밸런싱 표

	엑슨모빌	말뚝박기	V자 반등 리밸런싱
전고점	81.18	0%	
−5%	77.12	10%	
−10%	73.06	20%	
−15%	69.00	30%	
−20%	64.94	40%	60%

-25%	60.89	50%	
-30%	56.83	60%	
-35%	52.77	70%	
-40%	48.71	80%	
-45%	44.65	90%	
-50%	40.59	100%	

2008년 금융위기 V자 반등 리밸런싱 사례 분석

수수료를 적용한 V자 반등 리밸런싱 표는 다음과 같다.

날짜	이벤트	주가	상승률	현금	말뚝박기	리밸런싱	리밸런싱 수수료 손해
2008년 8월 28일	엑슨모빌 81.18달러 전고점	81.18	0.88%				
2008년 9월 2일	누적 -2.5% 하락	77.32	-3.36%	10%			
2008년 9월 4일	누적 -5.0% 하락, 나스닥 -3% 발생 말뚝박기로 전환	76.14	-2.41%	90%	10%		
2008년 10월 9일	누적 -15% 하락	68.00	-11.69%	70%	30%		
2008년 10월 10일	누적 -20% 하락	62.36	-8.29%	60%	40%		
2008년 10월 13일	누적 15% 상승	73.08	17.19%		40%	60%	
2009년 7월 17일	나스닥 8거래일 상승 공황 끝	68.52	0.09%				
합계		3.74					0.00%

반복되는 상승과 하락 사이에서 **지속적으로 기회 잡는 법**

2008년 금융위기 때의 V자 반등 리밸런싱 표를 보니 지난 3번의 경우보다 정말 심플하다. 2008년 금융위기는 폭등과 폭락을 반복하며 무려 1년 가까이 하락이 이어졌던 장기 폭락장이다. 그런데 사고 판 이벤트는 단 5번밖에 없었다. 2008년 금융위기 동안 -3%는 무려 35번이나 떴다. 이 수치는 당시가 얼마나 극심한 변동성 장세였는지를 여실히 보여준다. 그런데 V자 반등 리밸런싱을 했다면 겨우 5번 사고 팔았을 뿐이고, 그 사이 공황이 지나갔다. 당시 상황을 하나씩 살펴보자.

▶ **2008년 8월 28일**

엑슨모빌의 전고점은 81.18달러였다.

▶ **2008년 9월 2일**

누적 -2.5% 하락했다. 현금 10%, 주식 90%.

▶ **2008년 9월 4일**

누적 -5.0% 하락했다. 이날 처음으로 나스닥 -3%가 발생했다. 말뚝박기로 전환한 시점이다. 현금 90%, 말뚝박기 10%.

▶ **2008년 10월 9일**

누적 -15% 하락했다. 현금 70%, 말뚝박기 30%.

▶ **2008년 10월 10일**

누적 -20% 하락했다. 현금 60%, 말뚝박기 40%.

▶ **2008년 10월 13일**

누적 15% 상승했다. V자 반등 리밸런싱이 일어났다.

상승 이유는 다음과 같다. 2008년 9월 16일 미국 최대 금융보험회사 중 하나인 AIG의 파산을 막기 위해 FED는 막대한 구제금융을 결정한다. 만약 AIG가 망하면 미국은 물론 세계적인 경제위기가 닥칠 것을 우려했기 때문이다. 그러나 이 구제법안은 결국 통과되지 않았고 9월 29일 나스닥은 하루에 무려 9.14% 폭락했다. 그리고 10월 13일 구제금융법안이 통과되었고 나스닥은 하루에 11.81% 급등했다. 엑슨모빌도 이날 무려 17.19%나 올랐다.

세계 1등은 공황이 끝날 때까지 사고 팔 일이 없었다. 왜냐하면 엑슨모빌은 25%(3구간) 이하, 즉 60.89달러 이하로 2009년 7월 17일(2008년 금융위기 종료)까지 한 번도 떨어지지 않았기 때문이다.

이 날을 기점으로 말뚝박기 40%, 리밸런싱 60%을 유지하면 되고, 이후 2009년 7월 17일까지 현재의 주식 100% 포지션을 유지했다. V자 반등 리밸런싱으로 말뚝박기와 비교한 수수료 손해도 발생하지 않았다.

▶ **2009년 7월 17일**

나스닥 8거래일 상승으로 공황이 종료되었다.

⭐ 결론

① 기존 말뚝박기 대비 V자 반등 리밸런싱의 수익률은?

-1.04%였다. V자 반등 리밸런싱이 기존 말뚝박기보다 처음으로 안 좋은 수익률을 보였다. 왜냐하면 2008년 10월 13일 60% 들어간 시점이 73.08달러였는데 만약 기존 말뚝박기만 했다면 68.52달러에 들어갈 수 있었기 때문이다. 그래서 기존 말뚝박기가 3.74% 이득이다.

그러나 만약 엑슨모빌을 1년 갖고 있었다면 배당수익률을 계산해야 한다. 배당수익률은 4.5%다. 여기에 V자 반등 리밸런싱 물량 60%를 곱하면 2.70%가 배당수익이다. 따라서 순수한 차이는 3.74%-2.70%=1.04%가 된다.

② -3%가 35번 뜨는 동안 단 5번의 거래만 있었고 오르내리면서 V자 반등 리밸런싱만의 거래 수수료도 없었다.

③ 4번의 위기인 2020년, 2018년, 2011년, 2008년 위기에서 기존 말뚝박기와 V자 반등 리밸런싱을 비교해 보자.

	말뚝박기	V자 반등 리밸런싱
2020년 코로나위기		25.24%
2018년 이자율 위기		0.73%
2011년 미국 신용등급 위기		1.11%
2008년 금융위기	1.04%	
합계	1.04%	27.08%
차이		26.04%

V자 반등 리밸런싱이 기존의 말뚝박기 전략보다 4번의 위기에서 3번 이득이었고 수익률은 26.04%가 이익이었다.

세계 1등과 2등이 바뀌면
어떻게 투자해야 할까?

이 책을 한참 집필할 동안 세계 1등은 애플이었다. 그러나 2024년 3월 현재 세계 1등은 마이크로소프트다. 둘의 시가총액 차이는 크지 않다. 언제 또 순위가 바뀔지 모른다. 이처럼 세계 1등의 순위가 바뀔 때 어떻게 투자하면 좋을지 이전 책에 다뤘던 내용을 여기에 소개한다

* * *

결론부터 정리하면, '세계 시가총액 1등과 2등의 차이가 10% 이하라면 그때는 1, 2등을 동시에 들고 가고, 10% 이상 넘어가면 2등을 팔고 1등만 들고 간다. 그리고 또 다시 1, 2등의 순위가 바뀌지 않는 한 1등을 계속 들고 간다.'

1등 주식에만 투자해도 당신이 꿈조차 꾸기 어려웠던 엄청난 부를 거머쥘 수 있다. 단, 한국 1등이 아닌 세계 1등 주식이어야 한다. 핵심은 1등이 아니라 '세계'다.

오랫동안 세계 1등 자리를 지켜오던 애플이 2024년에 접어들면서 마이크로소프트에 그 자리를 넘겨주었다. 2024년 2월 19일 현재 1위인 마이크로소프트의 시가총액은 3조 달러에 조금 미치지 못하고, 2위인 애플의 시가총액은 2조 8천억 달러가 조금 넘는다. 무섭게 달려온 엔비디아가 아마존, 구글, 테슬라 등을 제치고 3위까지 올라와 1조 8천억 달러를 기록

하고 있다.

현재 마이크로소프트와 애플의 시가총액 격차는 10% 이하다. 따라서 두 종목을 5:5로 들고 가면 된다. 그러다가 둘 간의 차이가 10% 이상으로 벌어지면 2등을 팔고 1등만 사서 들고 가면 된다. 만약 애플이 다시 역전하여 1, 2등이 바뀌면, 그 때도 마찬가지로 둘 간의 차이가 10% 이하일 때는 두 종목을 동시에 보유하고, 10% 이상 격차가 벌어지면 1등만 들고 가면 된다.

여기서 우리는 중요한 매뉴얼 하나를 발견할 수 있다. 1등과 2등이 바뀌려면 당연히 둘 간의 격차가 좁혀져야 한다. 그런데 어느 정도로 좁혀졌을 때 역전현상이 일어나는지는 중요한 수치가 아닐 수 없다. 그 수치는 10% 이하였다. 서로 간의 격차가 10% 이상일 때는 순서가 바뀌지 않고 1등이 계속해서 치고 나간다. 그러나 10% 이하로 좁혀지면 그 때부터는 사정권 안에 들어왔다고 보면 된다. 그러니 격차가 10% 이내로 좁혀지면 1등과 2등의 순위를 지켜볼 필요가 있다.

향후 엔비디아가 더욱 성장하여 1위를 위협한다면 어떻게 될까? 1위를 10% 이내로 추격한다면 엔비디아를 사야 할까? 아니다. 역전이 일어나기 전까지는 1등만 들고 간다. 그러다가 실제 역전이 일어나면 1등과 2등을 5:5로 보유하고, 10% 이상으로 간격이 벌어지면 1등만으로 좁힌다. 즉, 10% 이상의 격차를 보이던 2등이 1등을 역전하기 전까지는 1등만 들고 가고, 역전이 일어나야만 5:5로 비중을 조절한다. 그러다가 1등이 2등을 10% 이상으로 밀어내면 1등만 들고 가면 된다.

반복되는 상승과 하락 사이에서 **지속적으로 기회 잡는 법**

9장 TLT, IAU 헤지 팁

TLT(미 장기국채 ETF)와 IAU(금 ETF)는 주로 금리인상기에 -3%가 뜨고 남은 달러로 헤지를 하는 도구다. 다만 TLT, IAU는 헤지용도일뿐 무조건 오르지는 않는다. 오른다면 -3%가 끝나는 날까지 들고 있다가 -3%가 끝나면 이를 팔고 세계 1등 주식으로 갈아타면 된다.

떨어질 수 있다는 예상을 했더라도 실제 TLT, IAU가 떨어지면 어떻게 해야 할지 난감할 수 있다. 예를 들어 -3%가 뜨고 고점 대비 10% 떨어져서 들어갔다고 가정하면, 20%만 세계 1등 주에 남겨놓고 나머지 80%는 TLT, IAU를 사야 한다. 꽤 큰 포지션이다.

그런데 -3%가 뜨고 되려 호재가 떠서 주가가 오른다면 자금들도 급격히 위험선호로 돌아서고 주식을 다시 매수하기 시작할 것이다. 그러면 헤지를 하려고 샀던 TLT, IAU는 떨어질 수밖에 없다. 이럴 때의 대응전략을 살펴보자.

TLT, IAU를 사고 첫 날 떨어질 때

나는 일단 TLT, IAU를 사고 하루를 기다린다. 오르면 지속 보유하고, 아니면 다음날 전부 팔아버린다. 즉 2022년 1월 6일에 -3%가 뜨자 주식을 팔고 TLT, IAU를 샀다. 그런데 만약 다음날 TLT, IAU가 떨어진다면 전부 팔고 -3%가 끝날 때까지 사지 않는다. TLT, IAU는 헤지 용도지 수익을 올리려고 산 것이 아니기 때문이다. TLT, IAU가 떨어지면 차라리 달러로 헤지를 하는 편이 낫다.

TLT, IAU를 사고 올랐는데 이후에 떨어질 때

TLT, IAU를 사고 나서 올랐다. 그런데 수익률을 조금씩 까먹기 시작하더니 급기야 마이너스 가까이 왔다. 그렇다면 나는 마이너스가 나기 전에 팔아버린다. 장 시작 전이건 장중이건 장이 끝나서건 마이너스가 나면 무조건 판다.

TLT, IAU를 사고 크게 올랐는데 수익중에
고점 대비 약 -5%가 빠졌을 때

TLT, IAU를 사고 크게 올라 수익률 10%가 넘어갔다. 그런데 갑자기

장대음봉이 크게 났거나 아니면 고점 대비 5% 이상 빠진다면 수익 상태에서 전부 팔아버린다.

⭐ 결론

TLT, IAU는 헤지용도다. 절대 수익을 바라고 투자하지 않는다. TLT, IAU 수익률이 안 좋을 때는 현금이 낫다. 위험신호가 왔을 때 주식을 줄이거나 팔고, 헤지수단을 이용할 수 있다는 생각을 늘 머리속에 담아두는 게 좋다. 이처럼 유연한 투자를 해야만 변동성이 자주 발생하는 시장에서 살아남을 수 있다.

10장 전고점과 기준가

리밸런싱

리밸런싱은 멕시멈 -25%까지 떨어질 것으로 보고 -3%가 뜨지 않았을 때 하는 투자방법이다. 평소의 투자법이라 보면 된다. 2.5% 떨어질 때마다 10%씩 팔다가 2구간 즉 5%가 올라가면 올인한다. 그런데 이후 다시 떨어지면 어떻게 되는가?

애플의 전고점이 182.01달러인 상황에서, 나스닥 -3%가 뜨지는 않았으나, 주가가 지속적으로 떨어진다고 가정해 보자.

만약 -15% 구간인 154.71달러까지 떨어졌다면 애플(주식)과 현금(달러)의 포지션은, 100% 주식을 갖고 있는 상태에서 60%를 팔았으니 현금 60% 주식 40%다. 그런데 다음날부터 오르기 시작해 2구간 즉 5%가 올랐다. 종가가 -10% 구간인 163.81달러가 넘어갔

	애플	리밸런싱
전고점	182.01	
-2.5%	177.46	10%
-5.0%	172.91	20%
-7.5%	168.36	30%
-10.0%	163.81	40%
-12.5%	159.26	50%
-15.0%	154.71	60%
-17.5%	150.16	70%
-20.0%	145.61	80%
-22.5%	141.06	90%
-25.0%	136.51	100%

다면 60%의 현금 모두로 애플(주식)을 사면 된다. 그러면 주식 비중 100%가 된다.

그런데 다음날 다시 2.5% 떨어져서 -12.5% 구간인 159.26달러 밑으로 내려가 버렸다. 여기서 전고점 문제가 나온다. 리밸런싱은 전고점 대비 2.5% 떨어질 때마다 10%씩 파는 매뉴얼이다. 그런데 내가 올인을 한 구간은 163.81달러다. 그리고 전고점 182.01달러까지 가지도 못했다. 이런 상황을 대비해 이름을 하나 더 붙였는데, 이렇게 올인을 한 구간인 163.81달러를 '기준가'라 부른다.

⭐ 중간 결론

① 리밸런싱에서는 전고점을 갱신하다 떨어지면 전고점 대비 2.5% 빠질 때마다 10%씩 판다.

② 리밸런싱을 하다가 2구간 상승 후 다시 떨어지면 2구간 상승 지점이 기준가이며 기준가 대비 2.5% 떨어질 때마다 10%씩 판다.

말뚝박기

나스닥에 -3%가 뜨면 리밸런싱을 종료하고 말뚝박기로 전환한다. 그러다 -3%가 끝나는 한 달+1일 이후에 올인한다. 말뚝박기는 두 가지로 나뉜다.

① 기준금리가 제로일 때는 -25%를 맥시멈 다운(최대 하락률)으로 보고 2.5% 떨어질 때마다 10%씩 산다.

② 기준금리가 제로가 아닐 때에는 -50%를 맥시멈 다운으로 보고 5% 떨어질 때마다 10%씩 산다.

그런데 말뚝박기를 하다가 전고점 회복을 못 한 상태에서 V자 반등 없이 한 달이 지났다. 그래서 한 달+1일 매뉴얼에 따라 올인을 했다. 그런데 다시 떨어진다면 어떻게 해야 하는가?

반복되는 상승과 하락 사이에서 **지속적으로 기회 잡는 법**

표_애플 말뚝박기 표

	애플	말뚝박기
전고점	182.01	
-2.5%	177.46	10%
-5.0%	172.91	20%
-7.5%	168.36	30%
-10.0%	163.81	40%
-12.5%	159.26	50%
-15.0%	154.71	60%
-17.5%	150.16	70%
-20.0%	145.61	80%
-22.5%	141.06	90%
-25.0%	136.51	100%

예를 들어 애플 전고점이 182.01달러 상황에서, 제로금리를 시행중이고 나스닥에 -3%가 떴다. 3%가 뜬 시점에 애플의 주가는 177.46달러 이하였다면 어떻게 해야 하는가?

말뚝박기 표에서는 10%다. 즉 애플(주식)은 10%만 남겨놓고 나머지 90%는 현금(달러)으로 보유한다. 이 비율을 맞추기 위해서는 100% 주식 상태에서 90%를 팔아야 한다. 애플 10%, 달러 90%다.

이후 지속적으로 떨어지기 시작해 -15% 구간인 154.71달러까지 떨어졌다면 말뚝박기 60%이니 애플(주식) 60%, 현금(달러) 40%가 맞다. 그런데 V자 반등 없이 한 달+1일이 지났다. 예를 들어 2022년 3월 3일에 -3%가 떴다면 2022년 4월 4일이 -3%가 끝나는 날이다.

4월 4일이 지나면 다시 주식으로 올인한다.

이러면 현금 40%로 애플(주식)을 사서 주식 100%를 맞춰 놓는다. 100%를 살 때 애플의 가격은 -15% 구간인 154.71달러 아래에 있었다.

그런데 다음날 다시 떨어지기 시작한다면 어떻게 해야 하는가? 이때는 리밸런싱을 적용한다. 2.5% 떨어질 때마다 10%씩 매도한다. 위와 마찬가지로 전고점이 아닌 기준가를 기준으로 적용하면 된다. 올인을 했던 154.71달러가 기준가가 된다. 요약하면, 154.71달러에서 2.5% 떨어질 때마다 10%씩 판다. 나스닥 -3% 기간이 끝났으므로 평소처럼 리밸런싱을 하면 된다.

⭐ 중간 결론

앞 리밸런싱의 결론과 같다.

⭐ 최종 결론

① 리밸런싱에서는 전고점을 갱신하다 떨어지면 전고점 대비 2.5% 빠질 때마다 10%씩 판다.

② 리밸런싱을 하다 2구간 상승 후 다시 떨어지면 2구간 상승 지

점인 곳이 기준가이며 기준가 대비 2.5% 떨어질 때마다 10%씩 판다.

③ 기준가는 리밸런싱에서만 등장한다.

④ 전고점: 리밸런싱을 할 때 전고점을 갱신하다 떨어지면 전고점을 기준으로 리밸런싱을 한다.

⑤ 기준가: 리밸런싱을 할 때 전고점을 갱신하지 못했는데 올인을 했고, 다시 떨어지기 시작한다면 올인을 한 지점이 기준가이다.

11장
V자 반등 후 올인했는데 -3%가 뜰 경우

V자 반등 리밸런싱은 2구간(경우에 따라 2.5% 또는 5%) 오르면 말뚝박기 하려던 달러를 2구간의 가격에 전부 사는 매뉴얼이다.

예를 들어 애플 전고점 182.01달러에서, -3%가 뜨고 말뚝박기에 들어갔다. -25% 구간인 136.51달러까지 장중에 떨어져 50% 주식을 사고 나머지 50%는 달러를 가지고 있다고 하자. 그런데 쭉쭉 오르더니 종가에 154.71달러까지 올라갔다면 어떻게 해야 하는가?

당연히 2구간인 10%가 올랐으니 50%의 달러로 애플 주식을 매수하면 된다. 그래서 애플 100%가 되었다. 이것이 바로 V자 반등 리밸런싱이다. 그런데 이후 장이 급격히 떨어지면서 만약 -3%가 다시 떴을 경우 어떻게 해야 하는가?

-3%가 뜬 시점이 아직 기다려야 하는 기간이 남은 경우

-3%가 뜨면 한달+1일 또는 공황일 경우에는 두 달+1일을 기다리는 것이 기본 매뉴얼이다.

예를 들어 2022년 5월의 경우는 -3%가 한 달에 4번이 떠서 공황이 발생했다. 따라서 -3%가 뜬 마지막 날인 2022년 05월 18일부터 두 달+1일인 2022년 7월 19일까지 기다려야 한다.

이때는 136.51달러까지 떨어졌기 때문에 애플 50%, 달러 50%였다. 그런데 갑자기 V자 반등이 일어나더니 2구간(10%)이 종가(154.71 달러)로 올라버렸다. 그래서 올 매수에 들어갔다.

그런데 예를 들어 6월 10일에 -3%가 떴다면 다시 비율대로 매도를 해야 하는가? 아니다. 왜냐하면 -3%가 뜬 6월 10일은 마지막 -3%가 뜬 2022년 05월 18일과 공황이 끝나는 2022년 7월 19일 사이이기 때문이다.

이럴 경우는 -30% 구간인 127.41달러까지 떨어지는지 지켜보는 것이 매뉴얼이다.

그러다 127.41달러까지 떨어지면 애플 40%를 팔아 애플 60%, 현금 40% 비율을 맞추면 된다. 그리고 말뚝박기 룰에 따라 -35%까지 떨어지면 또 10%를 매수하면 되고 -40%까지 떨어지면 또 10%를 매수하면 된다. 그 전까지는 -3%가 몇 번이 뜨건 관계없이

127.41달러까지 떨어지지 않는다면 지켜보기만 하면 된다. 물론 올라도 지켜보기만 한다.

−3%가 뜬 시점이 기다려야 하는 기간이 끝난 경우

이 경우는 간단하다. 전고점 대비 비율대로 매도하면 되고 이후는 말뚝박기 룰에 따라 5% 떨어질 때마다 10%씩 매수하면 된다.

예를 들어 위와 같은 상황이라 보고 2022년 7월 19일까지 더 이상 −3%가 뜨지 않아서 올 매수 했는데 −3%가 떴다고 하자. 전고점을 돌파하지 못한 상황에서 현재 애플이 160달러라면 어떻게 해야 하는가?

말뚝박기 룰에 따라 20% 애플을 남겨놓고 80%를 매도해서 현금화하면 된다. 따라서 애플 20%, 달러 80%다.

⭐ 결론

V자 반등으로 올 매수를 했는데 -3%가 떴을 때 대처법

① 기다려야 하는 기간(나스닥 -3%)중이라면 말뚝박기 했을 때보다 최종 말뚝박기 구간보다 1구간 더 떨어지면 비율대로 매도하고

다시 말뚝박기에 들어간다.

② 기다려야 하는 기간이 끝났다면 전고점 대비 비율대로 팔고 말
뚝박기에 들어간다.

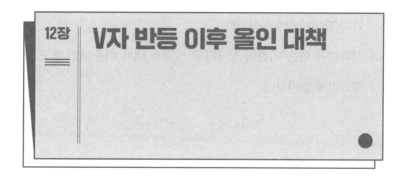

12장

V자 반등 이후 올인 대책

결론부터 얘기하면, 2008년~2020년 코로나 위기까지 공황 발생 (한 달 동안 나스닥 -3% 4번) 후 말뚝박기를 하다가 V자 반등 이후 올 인했는데 공황이 끝날 때까지 누적 최저가보다 떨어진 적은 한번도 없었다.

공황 발생 상황에서 리밸런싱과 말뚝박기 VS. 존버

2008년 금융위기

수익률 측면에서 리밸런싱과 말뚝박기는 존버보다 12.7% 이득이었다. 2008년 엑슨모빌은 2008년 10월 10일 누적 최저가인 56.51달러를 찍고 공황이 끝나는 2009년 7월 17일까지 한 번도 누적최저가 밑 5% 아래로 떨어진 적이 없다.

2011년 미국 신용등급 위기

수익률 측면에서 리밸런싱과 말뚝박기는 존버보다 8.8% 이득이었다. 2011년 8월 11일 엑슨모빌은 64.46달러를 찍고 2011년 10월 19일 공황이 끝날 때까지 한번도 누적최저가 이하로 떨어진 적이 없다.

2018년 연준 이자율 위기

수익률 측면에서 리밸런싱과 말뚝박기는 존버보다 21.9% 이득이었다. 2019년 1월 3일 애플은 누적 -40% 하락하며 누적최저가인 35.55달러를 찍고 공황이 끝나는 2019년 2월 4일까지 한번도 누적최저가의 5% 이하로 떨어진 적이 없었다.

2020년 코로나 위기

수익률 측면에서 리밸런싱과 말뚝박기는 존버보다 16.6% 이득이었다. 2020년 3월 23일 누적최저가 -35% 구간인 53.15달러까지 떨어진 애플은 V자 반등 이후 공황이 끝날 때까지 누적최저가인 53.15달러보다 -5% 이상 떨어진 적이 없었다.

날짜	이벤트	주가	상승률	현금	말뚝박기
2020년 2월 12일	애플 전고점 81.80 달러	81.80	2.37%		
2020년 2월 18일	누적 -2.5% 하락	79.75	-2.26%	10%	
2020년 2월 24일	누적 -7.5% 하락	74.54	-4.75%	30%	
2020년 2월 25일	누적 -10% 하락	72.02	-3.39%	40%	
2020년 2월 27일	누적 -17.5% 하락 -3% 발생 말뚝박기 시작	68.38	-6.54%	70%	30%
2020년 3월 12일	누적 -20% 하락	62.06	-9.88%	60%	40%
2020년 3월 16일	누적 -25% 하락	60.55	-12.86%	50%	50%
2020년 3월 23일	누적 -35% 하락	53.15	-2.12%	30%	70%
2020년 3월 24일	V자 반등 리밸런싱 발생 누적 10% 구간 상승	61.72	10.04%	0%	100%
2020년 6월 23일	8거래일 상승 공황 끝				
	리밸런싱+말뚝박기 평단가	66.52			
	존버 평단가	79.75			
	차이	0.166			

반복되는 상승과 하락 사이에서 **지속적으로 기회 잡는 법**

블랙스완은 언제라도 나올 수 있다

오늘 올인을 했는데, 이후에 -30% 구간인 127.41 달러 밑으로 떨어진다면 어떻게 해야 할까? 애플에 올인을 했으니 포지션은 애플 100%다. 여기서 만약 127.41달러 밑으로 그것도 종가로 떨어졌다면 -30%의 포지션은 애플 60% 달러 40%가 된다. 그러니 애플 40%를 팔아 달러로 만든다. 127.41달러 밑으로 떨어지기 전까지는 그냥 홀딩하면 된다. 즉 아무것도 안 하는 것이다.

2008년 금융위기 이후 현재까지 공황은 총 4번 발생했다(이번 인플레이션 위기까지 합하면 5번이다). 4번의 공황이 일어났고 누적최저가까지 떨어졌다 V자 반등이 일어났다.

V자 반등 이후 올인을 했을 경우 공황이 끝날 때까지 누적최저가보다 2.5% 또는 5% 이하로 떨어진 적은 한 번도 없었다. 그래서 127.41달러 밑으로 떨어지기 전까지는 홀딩한다는 전략을 내놓았다.

4번의 공황은 데이터로 보면 적은 수치다. 공황만 따지면 그렇고 -3%가 뜨고 말뚝박기 한 경우까지 따지면 5번 더 있다.

2010년 4월 위기, 2015년 8월 위기, 2015년 11월 위기, 2021년 1월 리오프닝위기, 2022년 1월 인플레이션 1차 위기 등 5번이다. 이때도 -3%가 끝나는 기간 동안 누적최저가보다 더 떨어진 경우는 한번도 없었다.

표_애플 전고점 182.01달러 말뚝박기 표

	애플	말뚝박기
전고점	182.01	0%
−5%	172.91	10%
−10%	163.81	20%
−15%	154.71	30%
−20%	145.61	40%
−25%	136.51	50%
−30%	127.41	60%
−35%	118.31	70%
−40%	109.21	80%
−45%	100.11	90%
−50%	91.01	100%

그러나 이는 어디까지나 연역적 추론에 의한 결론이다. 블랙스완이 나오지 말라는 법이 없다. 따라서 누적최저가보다 더 떨어질 가능성도 있다. 진짜로 127.41달러까지 떨어져 다시 애플 60%, 달러 40%로 간다면 손해를 볼 수도 있다. 그러니 만약 이것이 두렵다면 5% 떨어질 때마다 10%씩 팔면서 리밸런싱을 해도 된다.

예를 들어 애플 전고점 182.01달러의 경우, 145.61달러까지 떨어지면 애플 10%를 팔아 애플 90%, 달러 10%를 만든다. 136.51달러까지 떨어지면 애플 10%를 팔아 애플 80%, 달러 20%를 만든다. 그리고 127.41달러까지 떨어지면 애플 20%를 팔아 애플 60%, 달러 40%를 만든다. 이러면 127.41달러까지 떨어지기를 기다리다 한꺼번에 40%를 파는 것보다 손해를 덜 볼 수 있다. 127.41달러까지 존 버와 리밸런싱 중 자신이 원하는 것을 하나 택해 대응하면 된다.

⭐ 결론

주식에서 예측이 맞지 않는 이유는 갑작스러운 일이 다반사로 일어나기 때문이다. 따라서 예측이 아닌 대응 시스템을 갖춰야 한다.

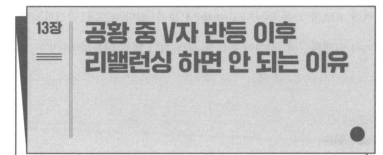

13장 공황 중 V자 반등 이후 리밸런싱 하면 안 되는 이유

공황

공황이란 나스닥지수 기준, 한 달에 4번의 -3%가 뜰 경우이다.

공황이 끝나는 경우

① 나스닥 -3%가 뜨고 두 달+1일 이후가 지날 때까지 -3%가 뜨지 않는 경우.

예) 2022년 06월 16일 나스닥에 -4.08%가 발생하고 두 달+1일(2022년 08월 17일)까지 나스닥 -3%가 뜨지 않으면 공황 종료.

② 8거래일 연속으로 나스닥이 상승하는 경우.

공황이 끝나면, -3%가 떠서 세계 1등 주식을 팔아 만든 현금으로 다시 세계 1등 주식을 산다. 그러나 공황이 끝나지 않고 쟁여 놓았던 현금으로 다시 세계 1등 주식을 사는 경우가 있다.

공황이 끝나지 않아도 올인하는 경우

V자 반등 리밸런싱

V자 반등 리밸런싱이란?

나스닥 -3%가 4번 떠서 공황이 확정되었다. -3%가 뜨는 순간 비율대로 팔고 말뚝박기에 들어간다. 말뚝박기 와중 2구간 상승했을 경우를 V자 반등 리밸런싱이라 한다.

애플이 전고점 대비 -25% 구간인 136.51달러까지 떨어졌다. 이때 포지션은 애플 50%, 달러 50%다. 그런데 애플이 종가 기준으로 2구간 올라 154.71이 되었고 애플에 올인했다. 이것을 V자 반등 리밸런싱이라 한다.

표_-50% 적용 말뚝박기, 애플 전고점 182.01달러

	애플	말뚝박기
전고점	182.01	0%
-5%	172.91	10%
-10%	163.81	20%
-15%	154.71	30%
-20%	145.61	40%
-25%	136.51	50%
-30%	127.41	60%
-35%	118.31	70%
-40%	109.21	80%
-45%	100.11	90%
-50%	91.01	100%

V자 반등 리밸런싱이 공황의 끝을 의미하지는 않는다

공황의 해제는 2가지다.

① 나스닥 -3%가 4번 뜨고 2달+1일 이후가 지날 때까지 -3%가
　　뜨지 않는 경우
② 8거래일 연속으로 나스닥이 상승하는 경우

이때가 아니면 공황의 해제가 아니다. 따라서 V자 반등 리밸런싱으
로 세계 1등 주식이 올라서 올인에 들어갔어도 현재 공황중인 것은

맞다. 그러니 공황의 끝은 위의 2가지 조건 중 한 가지 조건이 맞아야 한다.

V자 반등 리밸런싱 이후 대책은?

세계 1등 주식인 애플이 136.51달러까지 떨어져 애플 50%, 달러 50%인 상황이라고 가정하자. 그런데 154.71달러까지 2구간이 올라 현금을 애플에 올인한 상황이다.

① 오를 경우: 공황이 끝날 때까지 지켜보면 된다.
② 떨어질 경우: 전저점인 -25% 구간을 넘어 -30% 구간 밑으로 떨어질 때까지 아무것도 하지 않는다.
③ 전저점보다 5% 이상 더 떨어질 경우(종가기준 -30% 구간인 127.41달러 밑으로 더 떨어질 경우): 현재 포지션은 애플 100%인 상황이다. 말뚝박기 표에 따라 애플을 40% 팔아 달러 40%, 애플 60%로 비율을 맞춘다.

공황 중 V자 반등 이후 리밸런싱 하면 안 되는 이유

예를 들어 애플이 136.51달러까지 떨어져 애플 50%, 달러 50%인

상황에서 154.71달러까지 2구간이 올라 현금을 애플에 올인했다고 하자.

그런데 애플이 지속적으로 떨어지고 있다. 애플이 떨어지니 '차라리 리밸런싱을 하는 게 어떨까' 생각할 수 있다. 만약 127.41달러까지 떨어져 애플을 한꺼번에 40% 파는 것보다는 2.5% 떨어질 때마다 또는 5% 떨어질 때마다 10%씩 팔게 된다면 손해가 덜 나지 않을까에 대한 의문 때문이다. 그러나 이것은 과거의 예로 보았을 때 절대 하지 말아야 할 대처다. 지금은 공황상황이라는 사실을 잊지 말자.

2008년도 이후 맞이한 4번의 공황에서 단 한 번도 V자 반등에 올인 이후 공황이 끝날 때까지 전저점 밑으로 떨어진 경우는 없었다. 즉 전저점 밑으로 2.5% 또는 5% 이상 떨어진 경우가 단 한 번도 없었다는 것이다. -3%가 뜨고 V자 반등 리밸런싱을 했던 경우가 5번 더 있었지만, 이 경우도 -3%가 뜨고 -3%가 끝날 때까지 단 한 번도 전저점 밑으로 떨어지지 않았다.

그럼에도 불구하고 V자 반등 리밸런싱 이후 떨어졌을 때 리밸런싱을 하면 어떻게 될까? 결론부터 말하면 절대로 안 된다. 2008년 금융위기를 보면 V자 반등 이후 리밸런싱을 하면 안 된다는 사실을 알 수 있다.

그림1_2008년 엑슨모빌 차트

2008년 10월 10일
누적최저가: 56.51달러

공황 끝
2009년 7월 17일

2008년 10월 10일 당시 세계 1등인 엑슨모빌은 누적최저가인 56.51달러를 찍었다. 그러나 이후 그래프를 봤을 때 굉장히 심하게 오르내림이 있었다는 사실을 알 수 있다. 2008년 10월 10일은 금융위기의 거의 시작단계였기 때문이다.

실제 10월 10일은 이제 리먼의 파산만이 시작되었을 뿐이다. 이후 미국 의회에서 구제법 통과가 무산되면서 엄청난 폭락이 있었고 이후 구제법이 통과되면서 다시 올랐다. 그리고 연준은 2008년 12월 16일에 제로금리와 양적완화를 시작했다.

만약 이때 리밸런싱을 했다면 계좌가 녹아내리고 말았을 것이다.

만약 5% 단위로 사고 팔았다면 끔찍한 결과가 나왔을 것이다. 엑슨모빌은 2008년 10월 13일 73.08달러까지 올라가며 V자 반등을

표_엑슨모빌 50% 말뚝박기 표

	엑슨모빌	말뚝박기
전고점	81.18	0%
-5%	77.12	10%
-10%	73.06	20%
-15%	69.00	30%
-20%	64.94	40%
-25%	60.89	50%
-30%	56.83	60%
-35%	52.77	70%
-40%	48.71	80%
-45%	44.65	90%
-50%	40.59	100%

표_엑슨모빌 V자 반등 이후 10월 등락률

날짜	종가	등락률
2008년 10월 13일	73.08	17.19%
2008년 10월 14일	72.46	-0.85%
2008년 10월 15일	62.35	-13.95%
2008년 10월 16일	69.45	11.39%
2008년 10월 17일	68.04	-2.03%
2008년 10월 20일	74.99	10.21%
2008년 10월 21일	71.5	-4.65%
2008년 10월 22일	64.57	-9.69%
2008년 10월 23일	70.39	9.01%
2008년 10월 24일	69.04	-1.92%
2008년 10월 27일	66.09	-4.27%
2008년 10월 28일	74.86	13.27%
2008년 10월 29일	74.65	-0.28%
2008년 10월 30일	75.05	0.54%
2008년 10월 31일	74.12	-1.24%

반복되는 상승과 하락 사이에서 **지속적으로 기회 잡는 법**

완성했다. 그런데 10월 15일까지 무려 15% 가까이 떨어진다. 리밸런싱을 했다면 세계 1등 주식인 엑슨모빌을 20% 팔아야 했다. 그리고 2008년 10월 20일 74.99달러까지 올라갔다. 2구간이 다시 올랐으니 다시 20%의 달러로 엑슨모빌을 사야 했다. 이후 2008년 10월 22일 64.57달러까지 떨어지며 다시 2구간 하락이 있었다. 그렇다면 엑슨모빌을 다시 20% 팔아야 했다. 그리고 2008년 10월 28일 74.86달러까지 올라가면서 다시 V자 반등을 했으니 엑슨모빌을 100% 올인했어야 했다. 2008년 10월에만 무려 4번이나 20%씩 사고 팔면서 계좌가 녹았을 것이다.

그러나 만약 V자 반등 리밸런싱 이후 누적최저가인 56.51달러에 도달할 때까지 아무것도 안 했다면 어땠을까? 앞의 당시 액손모빌 차트에서 보는 바와 같이 2009년 7월 17일까지 아무 일도 없었다.

⭐ 결론

V자 반등 리밸런싱으로 100% 올인했을 경우 공황이 끝날 때까지는 아무것도 하지 않는 편이 좋다. 단 전저점보다 5% 이상 더 떨어질 경우(종가기준 -30% 구간인 127.41달러 밑으로 더 떨어질 경우), 현재 포지션은 애플 100%인 상황이므로, 말뚝박기 표에 따라 애플을 40% 팔아 달러 40%, 애플 60%로 비율을 맞춘다.

뼈 때리는
팩폭

당신은 감정의 쓰레기통

대학교 1학년 교양수업 중에 '심리학개론'이 있었다. 교수가 들려준 이야기 중 기억에 남는 에피소드가 있다. 그 여교수의 어머니가 매일 전화를 한다고 한다. 그리고는 고민이나 속상한 이야기를 쏟아낸다는 것이다.

나는 그때까지 뭐가 문제인지 몰랐다. 그런데 교수는 어머니에게 "나한테 이런 얘기 할 거면 하지 말라"며 전화를 매번 끊는단다. 이 이야기를 듣고는 '너무 야박한 거 아닌가' 하고 생각했다. 교수의 결론은, '남한테 안 좋은 영향을 주는 말을 지속적으로 하는 사람은 멀리해야 한다'였다.

친한 친구가 하나 있었다. 여자친구를 사귀었는데 뻑하면 헤어지기를 반복했다. 처음에는 친구에게 술도 사주고 고민을 들어주며 밤늦게까지 등을 두드려 주었다. 그런데 이 녀석이 다음날이면 여자친구와 다시 만나는 게 아닌가. 그러다가 또 헤어졌다고 하면 술 사주고 밥 사주며 위로를 반복했다.

이것도 한두 번이지 같은 일이 반복되니 내가 호구인가 하는 생각이 들었다. 그리고 고민을 상담해주며 여자친구를 같이 욕했다. 문제는 그 친구가 여자친구에게 내가 한 욕을 그대로 전하는 것이다. 그러니 여자친구가 나와 친구가 만나는 것을 싫어했고, 결국 친구와 멀어졌고 돈 잃고 시간 버렸다.

미국에는 이런 고민을 전문적으로 들어주는 사람이 있다. 카운슬러라고 한다. 스톱워치를 켜 놓고 고민을 들어준다. 고민을 다 얘기하면 1시간당 10만 원 정도를 받는다. 요즘은 올랐는지 모르겠지만 말이다. 한국은 전문적인 카운슬러보다는 친구나 가족에게 하소연을 한다.

당신 주변에 이런 사람이 있는가? 끊임없이 불평불만을 쏟아내는 사람, 남 뒷담화하는 사람, 자신의 고민을 끊임없이 얘기하는 사람, 힘들다는 사람, 어렵다는 사람, 매사에 부정적인 사람 등.

이들처럼 안 좋은 기운을 주는 사람들은 되도록 멀리하라. 이들은 보통 의지가 박약하고 도전정신이 없고 남에게 의존적이며 결단력이 없고 우유부단하다. 하루종일 같이 있다보면 남는 것 없이 기도 빨리고 시간도 돈도 너무 아깝다는 생각이 든다.

이런 사람에게는 당신의 도전의지를 드러내지 말라. 당신의 그 도

전의지를 싫어한다. 예를 들어 주식투자라면 극구 뜯어말릴 것이다. 만약 당신이 잘되면 그대로인 자신에 비해 부자가 될 것이므로 배가 아프다. 그래서 "주식투자하면 쪽박찬다, 망한다"는 말로 열변을 토할 것이다.

재테크뿐 아니라 공부, 취업, 이민, 유학 등 도전을 통해 한 단계 올라설 수 있는 모든 일을 입밖에 내지 말라. 아니 주변사람들 모두에게 말하지 말라. 내가 잘되어서 기뻐할 사람은 오로지 가족뿐이다. 그러니 비밀로 하라.

⭐ 결론

안 좋은 기운을 쏟아내는 사람과 가까이 지내면 당신은 그 사람이 뱉어내는 감정의 쓰레기통일 뿐이다. 전화를 받지 않거나 아주 늦게 전화하면 자연스럽게 멀어진다. 이내 그 사람은 다른 쓰레기통을 찾을 것이다.

좋은 기운이 있는 사람과는 가까이 지내라. 좋은 기운이란 칭찬이 아닌 긍정적이고 새롭고 도움이 되는 이야기를 만날 때마다 끊임없이 해주는 사람이다.

14장 -3%의 끝, 기간 매뉴얼과 V자 반등 매뉴얼 비교

기간 매뉴얼과 V자 반등 매뉴얼의 차이점은 다음과 같다.

① **기간 매뉴얼**

-3%가 뜨면 한 달+1일을 기다리고 더 이상 -3%가 안 뜨면 올인

-3%가 한 달에 4번 뜨면 공황으로 간주하고 두 달+1일을 기다려 더 이상 -3%가 안 뜨면 올인

② **V자 반등 매뉴얼**

바닥에서 2구간 상승하면 올인

나스닥 지수가 -3% 이상 떨어지는 공황을 만났을 때, 공황이 끝나 다시 올인으로 진입하는 방법은 위의 두 가지다. 기간 매뉴얼은 오

랫동안 사용해 온 방법이고, V자 반등 매뉴얼은 비교적 최근에 추가된 매뉴얼이다. 둘 중 올인의 최적 타이밍을 살펴보았다. 근거가 되는 데이터를 모두 공개하면 지면이 너무 길어지므로 결과 위주로 살펴보자(데이터를 포함한 더 자세한 내용은 다음 카페 'JD 부자연구소' 내 '조던의 칼럼' 참조).

▶ **2008년 금융위기**

이때는 기간 매뉴얼이 V자 반등 매뉴얼보다 이익이었다. 올인 시기는 V자 반등이 더 빨랐으나 문제는 평단가였다. 평단가에서 기간 매뉴얼이 더 이익이었다.

▶ **2010년 4월**

이때는 V자 반등 매뉴얼이 기간 매뉴얼보다 이익이었다. 기간 매뉴얼이 V자 반등 매뉴얼보다 올인의 시기가 늦었고 평단가도 높았다.

▶ **2011년 미국 신용등급 위기**

V자 반등 매뉴얼이 기간 매뉴얼보다 이익이었다. 기간 매뉴얼이 V자 반등 매뉴얼보다 올인의 시기가 늦었고 평단가도 높았다.

▶ **2015년 8월 위기**

V자 반등 매뉴얼이 기간 매뉴얼보다 이익이었다. 기간 매뉴

반복되는 상승과 하락 사이에서 **지속적으로 기회 잡는 법**

얼이 V자 반등 매뉴얼보다 올인의 시기가 늦었고 평단가도 높았다.

▶ **2015년 11월 위기**

V자 반등 매뉴얼보다 기간 매뉴얼이 더 이익이었다. 기간 매뉴얼이 V자 반등 매뉴얼보다 올인의 시기가 빨랐고 평단가도 낮았다.

▶ **2018년 금리인상 위기**

V자 반등 매뉴얼이 기간 매뉴얼보다 이익이었다. 기간 매뉴얼이 V자 반등 매뉴얼보다 올인의 시기가 늦었고 평단가도 높았다.

▶ **2020년 코로나 위기**

V자 반등 매뉴얼이 기간 매뉴얼보다 이익이었다. 기간 매뉴얼이 V자 반등 매뉴얼보다 올인의 시기가 늦었고 평단가도 높았다.

▶ **2021년 리오프닝 위기**

V자 반등 매뉴얼이 기간 매뉴얼보다 이익이었다. 기간 매뉴얼이 V자 반등 매뉴얼보다 올인의 시기가 늦었고 평단가도 높았다.

▶ **2022년 1월 인플레이션 위기**

V자 반등 매뉴얼보다 기간 매뉴얼이 더 이익이었다. 기간 매뉴얼이 비록 늦게 들어갔지만 V자 반등 매뉴얼보다 올인할 때

평단가가 낮았다.

▶ **2022년 3월 인플레이션 위기**

날짜	이벤트	주가	현금	주식비율	말뚝박기	애플	주식비율	리밸런싱	애플	현금비율
2022년 3월 29일	애플 전고점 178.96달러	178.96			전고점	182.01	0%	전고점	178.96	
2022년 4월 1일	누적 2.5% 하락	174.31	90%	10%	−5%	172.91	10%	−2.5%	174.49	10%
2022년 4월 11일	애플 누적 −5% 하락	165.75	80%	20%	−10%	163.81	20%	−5.0%	170.01	20%
2022년 4월 14일	애플 누적 −7.5% 하락	165.54	70%	30%	−15%	154.71	30%	−7.5%	165.54	30%
2022년 4월 26일	애플 누적 −10% 하락, 나스닥 −3% 발생 − 말뚝박기 전환	156.80	80%	20%	−20%	145.61	40%	−10.0%	161.06	40%
2022년 5월 6일	애플 누적 −15% 하락	154.18	70%	30%	−25%	136.51	50%	−12.5%	156.59	50%
2022년 5월 12일	애플 누적 −20% 하락	138.80	60%	40%	−30%	127.41	60%	−15.0%	152.12	60%
2022년 5월 20일	애플 누적 −25% 하락	132.61	50%	50%	−35%	118.31	70%	−17.5%	147.64	70%
2022년 7월 21일	V자 반등 리밸런싱 발생 누적 10% 구간 상승	155.35	0%	100%	−40%	109.21	80%	−20.0%	143.17	80%
2022년 8월 17일	공황 끝, 두달+1일	174.55			−45%	100.11	90%	−22.5%	138.69	90%
					−50%	91.01	100%	−25.0%	134.22	100%
	리밸런싱+ 말뚝박기+ V자 반등 평단가	153.96								
	리밸런싱+ 말뚝박기+ 기간 매뉴얼 평단가	162.51								
	차이	0.053								

이때는 V자 반등 매뉴얼이 기간 매뉴얼보다 이익이었다. 기간 매뉴얼이 V자 반등보다 올인의 시기가 늦었고 평단가도 높았다.

이처럼 데이터를 연구한 이유는, 새롭게 추가된 V자 반등 매뉴얼만 남기고 기존 기간 매뉴얼을 삭제하는 게 나은지 판단하기 위함이었다. 연구 결과 핵심은 V자 반등 시 가격과 기간 매뉴얼 가격 중 낮은 가격에 들어갔을 때가 항상 이익이었다는 점이다.

현재의 매뉴얼대로라면 둘 중 더 빠른 이벤트에 올인하면 된다.

⭐ 결론

빠른 이벤트에 들어갔을 때가 대부분 이익이었다. V자 반등과 기간 매뉴얼을 비교하여 무조건 낮은 가격에 들어 갔다면 결론은 이익이었다.

15장

하락으로 일관했던 2022년, 연초에 매뉴얼로 투자했다면 수익률은?

어렵고 힘든 장으로 기록될 2022년, 만약 매뉴얼대로 투자했다면 다음 표에서 볼 수 있듯이 1차 하락 구간 수익률은 존버 대비 3.6% 였다. 또한 2차 하락 구간 수익률은 존버 대비 11.7% 이익이었다.

그림2_2022년 매뉴얼 수익률

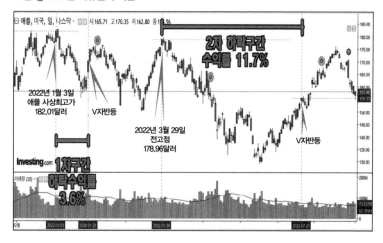

표_1차 하락구간

날짜	이벤트	주가	상승률	현금	말뚝박기
2022년 1월 3일	애플 전고점 182.01달러	182.01			
2022년 1월 5일	누적 2.5% 하락, 나스닥 -3% 발생, 애플 말뚝박기 시작	174.92	-2.66%	90%	10%
2022년 1월 6일	애플 누적 -5% 하락	172.00	-1.67%	80%	20%
2022년 1월 19일	애플 누적 -7.5% 하락	166.23	-2.10%	70%	30%
2022년 1월 21일	애플 누적 -10% 하락	162.41	-1.28%	60%	40%
2022년 1월 27일	애플 누적 -15% 하락	159.22	-0.29%	50%	50%
2022년 1월 28일	V자 반등 리밸런싱 발생 누적 10% 구간 상승	170.33	6.98%	0%	100%
합계					
	말뚝박기 평단가	168.64			
	존버 평단가	174.92			
	차이	0.036			

표_2차 하락구간

날짜	이벤트	주가	현금	주식비율
2022년 3월 29일	애플 전고점 178.96달러	178.96		
2022년 4월 1일	누적 2.5% 하락	174.31	90%	10%
2022년 4월 11일	애플 누적 -5% 하락	165.75	80%	20%
2022년 4월 14일	애플 누적 -7.5% 하락	165.54	70%	30%
2022년 4월 26일	애플 누적 -10% 하락, 나스닥 -3% 발생 - 말뚝박기 전환	156.80	80%	20%
2022년 5월 6일	애플 누적 -15% 하락	154.18	70%	30%
2022년 5월 12일	애플 누적 -20% 하락	138.80	60%	40%
2022년 5월 20일	애플 누적 -25% 하락	132.61	50%	50%
2022년 7월 21일	V자 반등 리밸런싱 발생 누적 10% 구간 상승	155.35	0%	100%
합계				
	리밸런싱+말뚝박기 평단가	153.96		
	존버 평단가	174.31		
	차이	0.117		

산술적으로만 합치면 매뉴얼은 애플을 팔지 않고 버티는 존버 대비 15.3% 이익이었다. 제아무리 안전한 세계 1등주라 하더라도 대책 없이 들고 있는 전략보다 매뉴얼이 나은 수익을 준다는 사실을 확인할 수 있다.

우리는 미국주식에 투자하면서 환율효과도 얻을 수 있다. 미국주식 투자는 주식과 환율이라는 2개의 상품에 투자하는 것과 같다. 2022년 달러는 초강세를 기록했고 10월부터 약해지기는 했으나 2024년 3월 현재까지도 강세 추세를 유지하고 있다. 환율이 얼마까지 올라가느냐에 따라 달러에 투자했다면 국내주식 대비 더 높은 수익률을 거둘 수 있다.

⭐ 결론

매뉴얼로 투자한다면 앞으로 공황과 같은 하락장에서도 수익을 낼 수 있으며 환율로도 이익을 볼 수 있다. 세계 1등에 투자하면 매년 25%의 복리로 10년에 10배, 20년에 100배 수익률이 결코 꿈이 아니다.

대책이 없다면 개미는 대책 없이 망한다

"투자를 오래 하고 싶다면 마음이 편해야 한다. 오래 투자할수록 부동산보다 주식의 수익률이 좋다. 오랫동안 좋은 수익률을 거두면 부자가 될수 있다."

이렇게 보면 '부자 되기'란 참 쉽다. 이렇게 쉬운 게임에서 개인들이 항상 패하는 이유는, 주식이 부동산과 달리 급등과 급락이 반복되기 때문이다. 1997년 IMF 때 코스피, 코스닥은 고점 대비 80%가 날아갔다. 닷컴버블도 마찬가지다. 이때 투자했다면 고점 대비 자산의 79%가 날아갔다. 2008년 금융위기 때도 고점 대비 50% 이상 빠졌다.

공황과 같은 위기가 몇 년에 한 번씩은 온다. 개미들은 자산이 폭포수처럼 떨어지는 지옥 같은 상황에서 멘탈을 유지할 수 없다. 이 시기에 공든 탑이 허무하게 와르르 무너지고 만다.

길게 봤을 때 대부분의 부동산은 상승도 하락도 없는 수평 상태다. 그만큼 거래가 없으니 주식이 그려가는 그래프보다 탄력도가 한참 떨어지고, 급락으로 인한 멘탈 붕괴도 덜한 편이다.

인간의 멘탈은 누구나 약하다. 현재까지 살아남은 유전자는 모두 사자를 맞닥뜨리는 위험한 상황에서 공포심을 갖고 도망치도록 만들어져 있다.

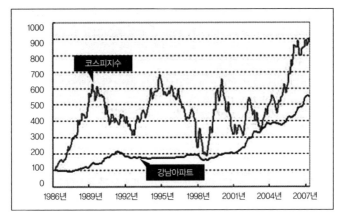

그림3_강남아파트와 코스피지수 비교

* 1986년을 100으로 산정한 수익률 지수
* 자료: 국민은행 부동산, 증권선물거래소, 미래에셋투자교육연구소

개미는 떨어질 때 처음에는 아무 생각없이 가만 있다가 떨어지다 떨어지다 바닥에 근접하면 기가막히게 알고 판다. 개미가 망하는 전형적인 패턴이다.

더 빨리 주식으로 망하는 방법이 있다. 떨어지면 공포에 팔고 오르면 본전 생각에 탐욕에 산다. 이러면 계좌가 녹으면서 더 빨리 순식간에 망한다. 나중에 주가가 안정되어 평정심을 찾아도 내 계좌의 돈은 이미 연기처럼 사라지고 없다.

급락할 때 마음의 평정심을 갖도록 상황을 만들어야 한다. 주식은 오를 때가 있으면 떨어질 때가 있다. 그런데도 막상 떨어지면 공포에 휩싸이고, 대책 없이 허둥지둥이다. 아주 간단한 대책, 예를 들면 2.5% 떨어질 때마다 10%씩 파는 리밸런싱 대책만 있어도 충분히 대응 가능하다.

사실 주식을 하는 대부분의 사람들은 떨어질 때 대책이 있다는 사실조차 모른다. 대가들이 나서서 "떨어지고 오르는 것은 신도 모른다"고 했으니

반복되는 상승과 하락 사이에서 **지속적으로 기회 잡는 법**

말이다.

증권방송은 개인들을 잡아놓기 위해 팔지 말라고 하고, 전문가들은 "팔아야 한다"는 부정적인 이야기를 하면 인기도 떨어지고 유튜브 조회 수도 안 나오니까 팔지 말라고 하고, 개인들은 탐욕으로 가득해 공격만 생각할 뿐 수비를 생각하지 못해 팔지 못하고, 워런 버핏 같은 대가들은 자신의 물량이 너무 많아 어차피 팔 수 없으므로 개인들에게도 팔지 말라고 한다.

결국 부자가 되려면 떨어질 때의 대책이 최선이다. 이겨 놓고 싸우는 전략이다. 그것이 매뉴얼이다.

공포장에도 더 떨어지기를 바랄 수 있는 전략, 언제라도 주식 수를 늘려갈 수 있는 전략, 장이 무너져도 오늘의 내 잠(Sleep)을 포기하지 않아도 되는 전략, 이 전략이 있다면 절대 망할 수 없다.

주식은 좋은 수익률에 비해 변동성이 심하다는 치명적인 단점을 갖고 있다. 변동성을 제어할 수 있다면 주식이 부동산보다 수익률이 좋은만큼 더 빨리 부자가 될 수 있다.

변동성을 제어하는 것은 강력한 멘탈이 아니고 시스템이다. 시스템은 매뉴얼이다.

16장 주식을 하면서 가장 위험한 때

주식을 하면서 가장 위험한 때는 이미 많이 떨어진 상태에서 파는 것이라고 생각한다. 많은 투자자들이 참고참고 또 참다가 더 이상 참지 못하고 바닥 근처에서 눈물의 손절을 한다. 모든 것이 무너지고 내 자산이 모두 허공으로 사라질 것만 같은 공포에 휩싸이기 때문이다.

예를 들어 내가 산 주식이 50% 떨어졌다. 매일 뉴스에서는 안 좋은 소식만 들린다. 희망이 없다. 더 떨어질 것만 같다. 주가를 확인하는 일도 귀찮고 답답하다. 언제 오를지도 모르는 상황이라 결국 50% 이상 떨어진 가격에 팔았다. 그런데 왠일인가. 다음날부터 주가가 쭉쭉 오르기 시작한다.

주식투자를 하면서 가장 괴로운 구간, 더불어 가장 위험한 때가 바로 이때다. 투자 경력이 많을수록 이런 상황을 한 번쯤 경험해 봤을 것이다.

자 그렇다면 해법을 찾아가 보자. 이미 떨어질만큼 다 떨어진 상태에서 자포자기 심정으로 팔지 않으려면 어떻게 해야 하는가? 간단하다. 많이 떨어지기 전에 조금씩 분할로 매도하면 된다. 이를 두고 앞서 설명한 리밸런싱이라 한다. 반대로 많이 떨어졌을 때 사는 방법을 V자 반등 리밸런싱이리 힌다. 이렇게 주가가 오르고 떨어질 때를 데이터화하여 투자자가 어떻게 대응하면 되는지 수치로 나타낸 것이 바로 매뉴얼이다. 매뉴얼을 따르면 절대 망할 일이 없고, 다른 방법보다 나은 수익까지 거둘 수 있다. 그러니 따르지 않을 이유가 없다.

2020년, 2022년 같은 폭락장은 과거에도 시시때때로 반복되었다. 2000년대 초반 IT버블, 2008년 금융위기, 2011년 미국 신용등급 강등 위기 등 잊을 만하면 급락장이 찾아온다. 날고 긴다는 고수뿐만 아니라 이름값 높은 전문가들도 이런 장에서는 속수무책이다.

'언젠가 다시 오르겠지' 하는 막연한 낙관론으로 넋놓고 마냥 들고 있는 존버도 좋지 않고, 시장을 예측하여 초과 수익을 거두겠다는 욕심도 좋지 않다. 모두 매뉴얼보다 안 좋은 결과로 이어질 가능성이 크다. 특히 예상치 못한 급락장에서는 더욱 쓰라린 패배를 안겨준다.

왜 '나는 더 잘할 수 있다' 혹은 '이 또한 지나가리라'는 유혹에서 벗어나지 못하는가?

그러나 한국 사람들은 매뉴얼과 같이 정해진 틀대로 행동하기를 좋아하지 않는다. 한국 사람들의 심리적 특성은 주체성이다. 자기 주장이 강하고 스스로 상황을 통제할 수 있어야 안심하며, 자신의 존재감을 인정받기를 선호한다. 좋게 말하면 업무에 유연성이 있고 임기응변에 강하다. 그러나 서양이나 일본의 일처리 방식은 우리와 전혀 다르다. 원칙과 매뉴얼대로 행동한다. 따라서 돌발사태가 발생하면 규정과 절차를 지키느라 상황을 올스톱시킨다. 반면 한국 사람들은 현장에서의 돌발상황도 적극적으로 스스로 알아서 대응하는 편이다. 물론 무엇이 좋다 나쁘다 판단할 수는 없다. 성향이 그렇다는 의미다.

일본에서는 집을 지을 때 설계에 따라 짓는다. 모든 재료가 재단되어 배달되고 현장에서는 도면에 따라 조립만 하면 된다. 그러나 한국의 수많은 건설현장에서는 설계대로 공사가 진행되지 않는다. 현장의 상황에 맞게 유연하게 대처하는 것을 좋아한다.

즉, 정해진 틀에 맞춰 시공하기보다는 현장소장이 상황에 맞춰 자신이 결정할 수 있는 기회를 갖고 싶어 한다. 한국인의 특성인 상황지배가 적용되는 경우다. 그래서 설계자, 현장소장, 현장기사, 노가

다 십장 간에 알력이 생긴다. 설계대로 할 것인지 아니면 경험과 소신대로 할 것인지 말이다.

그러나 그럼에도 불구하고 매뉴얼을 따라야 하는 이유는 무엇인가? 매뉴얼은 나스닥 40년 간의 위험을 분석한 데이터의 총합이다. 위험을 회피할 수 있는 최선의 상황을 원칙으로 만들었다. 매뉴얼을 지킨다면 주식을 하면서 불안하지 않게 된다. 가장 위험한 때, 바로 주가가 50% 이상 크게 떨어졌을 때 불안해서 파는 상황을 막을 수 있다.

그런데 왜 50% 이상 떨어졌을 때 불안할까? 여기서 더 떨어지면 모든 재산을 잃고 알거지가 될 수 있다는 불안 때문이다. 주식은 위험자산이기 때문에 정말 그런 일이 일어날 수도 있다. 자산이 제로가 될 가능성을 완전히 배제할 수는 없다. 그런데도 주식을 하는 이유는 나를 가난에서 벗어나게 해주는 투자상품이기 때문이다. 노동만으로는 가난에서 벗어날 수 없다.

토마 피케티가 저서 《21세기 자본》에서 주장하는 핵심내용은, 역사상 자본소득이 노동소득을 앞질렀다는 것이다. 즉, 투자가 월급보다 낫다는 주장이다. 만약 노동만으로 부자가 되려면 죽을 때까지 일만 하다 인생을 다 보내야 한다. 결국 쓰지 못할 부를 벌기만 하다가 죽을 확률이 높다는 얘기다.

따라서 주식이나 부동산 등 투자를 해야 살아 있는 동안 부자가 된다. 그러니 노동을 하면서도 반드시 투자는 필수다. 그런데 투자는 먼저 심리적으로 이기는 투자를 해야 불안하지 않다. 지는 투자를 하면 벌기는커녕 벌어놓은 돈도 까먹기 일쑤다. 월급을 능가하기 위해 투자를 했는데, 월급마저 까먹는 성적표를 받을 수 있다는 의미다. 많은 사람들이 이 말에 동의할 것이다.

심리적으로 이기는 투자란 50%까지 떨어지는 상황 자체를 만들지 않는 것이다. 그러면 불안하지 않다. 주가가 떨어지고 시장이 신호를 보내면 거기에 순응하여 리밸런싱, 말뚝박기 등과 같은 매뉴얼을 따르면 된다.

리밸런싱

리밸런싱은 고점 대비 2.5% 떨어질 때마다 주식을 10%씩 파는 것이다. 고점 대비 25%까지 떨어지면 내 손에는 남아있는 주식이 한 주도 없다. 2.5% 떨어질 때마다 10%씩 팔면 25%가 떨어지면 더 이상 팔 물건이 남지 않는다. 따라서 -50%까지 갈 일 자체가 없다.

말뚝박기

말뚝박기는 어떤가? 나스닥 -3%가 뜨면 주식을 일정 비율 대로 팔고 이후 2.5% 또는 5% 떨어질 때마다 10%씩 사면서 말뚝박기에 들어간다.

예를 들어 제로금리가 아닌 상황에서는 50%까지 떨어지는 것을 가정한다. 만약 고점 대비 5% 떨어졌을 때 나스닥 -3%가 뜬다면 세계 1등 주식은 10%만 남겨 놓고 90%를 매도한다. 이것이 매뉴얼이다.

그리고 -10% 지점에서 10%를 사고 -15% 지점에서 10%를 사면서 5% 떨어질 때마다 10%씩 산다. 결국 -50% 상황에서는 주식 포지션이 100%가 된다.

리밸런싱과 말뚝박기가 주는 효과

이렇게 리밸런싱, 말뚝박기를 하면 무엇이 좋은가? 절대 고점 대비 -50%가 되었을 때 불안해서 팔지 않는다. 그러니 망할 이유가 없다. 일단 리밸런싱과 말뚝박기를 시작하면 오히려 주식 포지션이 많은데도 불구하고 더 떨어져야 한다는 생각을 한다. 심리적으로 매우 안정된 상태이기 때문이다.

예를 들어 나스닥 -3%가 떴다. 주식이 고점 대비 5% 떨어졌다. 그래서 말뚝박기에 들어갔고 10% 세계 1등 주식, 90% 달러인 상황이다. 당신이라면 어떤 감정이 들까? 앞으로 주가가 5% 더 떨어지기를 바란다. 그래야 10%를 추가로 사니 말이다. 이것이 심리적으로 이기는 투자이다.

이런 심리적인 안정은 어디서 오는가?
- 세계 1등에 투자하기 때문이다.
- 세계 1등은 등수가 바뀔지언정 상장폐지 되지 않는다.
- 세계 1등은 언젠가는 다시 전고점을 회복하고 우상향할 것을 믿는다. 언제 오르느냐가 관건이지 망하거나 50% 이상 떨어져 영영 자신이 투자한 금액을 못 찾는 일은 없기 때문이다.

이것이 심리적으로 이겨놓고 하는 투자다. 반면 세계 1등이 아닌 주식은 이런 생각을 할 수조차 없다. 50% 떨어지면 상장폐지가 불안하고 원금회복이 소원이 된다. 따라서 50% 떨어졌다 다시 전고점에 도달하면 모두 팔고 현금화한다.

이처럼 원금회복이 목표여서는 결코 부자가 될 수 없다. 부자가 되는 과정은 심리싸움의 연속이다. 이겨놓고 투자해야 부자가 될 수 있다. 지는 게임만 계속하는데 어떻게 부자가 될 수 있겠는가? 잡주에 투자하면 심리적으로 지고 들어가니 떨어지면 원금회복이 목표가 된다. 이기는 건 고사하고 잘해야 본전인 투자를 벗어날 수 없다.

투자자가 유지해야 할 중요한 원칙 중 하나는 "소탐대실을 피하라"이다. 떨어질 때 안 파는 이유는 하나다. 다시 오를까봐서다. 그래서 2.5% 떨어질 때마다 10%씩 분할매도를 하라고 아무리 목청을 높여도 요지부동 절대 팔지 않는다. 마치 한 번 놓치면 영원히 다시 찾을 수 없는 황금을 손에 쥐고 있는 것처럼 말이다.

못 파는 이유는 탐욕 때문이다. 팔았던 10%도 오르면 아까운 법이다.

그러나 계산을 해보면 결코 위험한 방법이 아니다. 2.5% 떨어졌는데 10%를 팔았다. 그런데 다시 5% 즉 2.5%씩 2단계가 올라 V자 반등 리밸런싱을 해야 했다.

손해일까? 얼마나 큰 손해일까?

계산해 보자. 총자산의 10%를 2.5% 떨어졌을 때 팔았다. 그런데 5%가 올라서 샀다. 이러면 나는 5% 손해가 아니다. 총자산의 10%에서 5%가 손해이니 결국 0.5% 손해다. 수수료도 0.025%로 계산하면 두 번 사고 팔았으니 0.05%이다.

즉 총자산의 손해 0.5%+수수료 0.05%=0.55%가 최종손해다. 생각보다 그리 크지 않다.

반면 3단계 즉 7.5% 이상 떨어진다면 절대 손해가 될 수 없다. 2단계 오르면 V자 반등 리밸런싱으로 사야 하기 때문이다. -7.5%에 팔고 5% 올라 -2.5%에 산다. 존버보다 2.5% 싸게 살 수 있으니 주식 수가 더 늘어나게 되어 있다.

이러한 결과를 얻으려면 처음 떨어졌을 때 매뉴얼을 지키며 팔아야 한다. 망설이거나 미루면 안 된다. 그렇지 않으면 2단계 이상 떨어졌을 때는 심리적으로 더욱 팔기 어려워진다. 그러다 50% 이상 떨어지고 심리적으로 두려워하다 결국 바닥에 팔아버리고 손해를 크게 본다. 매뉴얼을 지키지 않는 사람과 다를 바가 없다. 첫 단추부터 끼우지 못하면 엉망이 될 수 있다는 사실을 잊지 말자.

2.5% 떨어졌을 때 판 물량은 손해가 아니다. 헤지를 한 것이다. 더 떨어졌을 때 심리적으로 안정을 갖자는 헤지다. 그리고 V자 반등으로 막상 오르더라도 큰 손해가 아니라는 헤지다.

주식은 그래서 멘탈싸움이라 했다. 멘탈은 사놓고 떨어져도 견디는 것이 아니다. 사람은 똑같다. 떨어지면 멘탈은 깨진다. 다만 떨어졌을 때 이기는 상황을 만들어 놓는 것이 바로 주식시장에서 살아남는 방법이다.

내가 매뉴얼을 만든 이유는 막연한 불안감에서 벗어나고자 함이었다. 막상 계산해 보니 손해는 적고 이익은 크지 않은가? 불안은 모를 때 샘솟는다. 알면 불안하지 않다. 충분히 상황을 통제할 수 있다.

마지막으로 매뉴얼은 종교가 아니라 과학이다. 과학은 그 전의 룰을 깨뜨리는 새로운 원리가 나오면 그것을 인정하고 새로운 과학으로 간다. 뉴턴 역학의 한계를 깨고 아인슈타인의 상대성 원리가 새로운 패러다임으로 전환됐던 것처럼 말이다.

매뉴얼은 종교의 원리주의가 아니다. 그래서 새로운 법칙을 발견하면 기존의 룰을 대체하며 발전한다. 처음의 룰만 고집할 필요도 없다. 나 자신도 내가 만든 매뉴얼이지만 새로운 매뉴얼을 만들면 이전 것들은 포기하거나 수정한다. 얽매일 이유가 없다. 오히려 과거에만 머무는 것이 게으름이고 원리주의다.

★ 결론

조그만 탐욕에 눈이 뒤집혀 존버하며 계좌 반토막이라는 위험한 순간을 만들지 말자. 매뉴얼은 극도로 위험한 순간에도 마음을 편안하게 만든다. '떨어져도 믿음을 갖고 견디기.' 이것만큼 무식한 것이 없다. 떨어질 때 이미 이길 수 있는 상황으로 만들어 놓고 상황을 즐기는 것이 매뉴얼이다.

돈으로 살 수 없는 것

뼈 때리는 팩폭

돈이 주는 꿈과 자유

자본주의에서 돈보다 중요한 무언가가 있는가? 돈이면 무엇이든 할 수 있다. 반대로 돈이 없으면 무엇도 할 수 없다. 무엇도 할 수 없는 이유는, 자본주의가 되면서 분업이 시작되었기 때문이다. 분업 시스템 하에서는 내가 만든 물건을 내가 쓰는 것이 아니라, 남이 만든 물건을 내가 쓰고 내가 만든 물건을 남이 쓴다.

과거에는 웬만한 물건은 내가 만들어서 내가 썼다. 짚신을 엮어서 직접 신발을 만들어 신었고 농사를 지어서 내가 먹었고 산에서 나무를 해다가 땔감으로 썼다. 그러나 지금은 나이키 운동화를 신고 마트에서 쌀을 배달시키고 보일러를 튼다. 세상이 이렇게 바뀐 이유는 분업이 훨씬 효율적이기 때문이다.

남이 내 물건을 쓰고 내가 남의 물건을 쓰려면 교환수단이 필요하다. 화폐 즉 돈이다. 그래서 나는 남이 가진 돈을 욕망하고, 남도 내가 가진 돈을 욕망한다. 결국 자본주의에서 돈이 많은 사람은 부러움의 대상이다.

인간은 평생을 두고 부러움의 대상이 되기를 간절히 바란다. 인간에게는 맹수의 발톱도 맹금류의 날개도 없다. 본래 인간은 약하게 태어났으니 태고적부터 자연에서 살아남으려면 무리를 이루어 살아갈 수밖에 없다. 그래서 항상 남에게 의지한다. 그래야 생존이 가능하기 때문이다.

나에 대한 타인의 호의적인 관심은 생존을 의미한다. 따라서 남의 관심을 받으면 행복해진다. 지금 자본주의 사회에서 왜 인간이 부자가 되고 싶어할까? 관심 받기 때문이다.

백화점에 물건을 사러 갔다가 집으로 돌아오는 길, 무언가 허전한 느낌이 맴돈다. 왜 그럴까? 돈을 상품과 바꿨기 때문이다. 돈은 상품과 무한대의 교환이 가능하다. 그러나 상품을 돈으로 바꾸는 건 제한적이다. 상품을 샀다가 돈과 교환하려면 중고물품으로 싸게 팔아야 겨우 디스카운트 된 돈으로 바꿀 수 있다. 돈은 무한하게 상품과 교환할 수 있다는 꿈을 주지만 상품은 더 이상 꿈이 아니라 현실이다.

그래서 돈을 상품과 교환하면 꿈이 없어져 허전한 것이다. 돈을 상품으로 바꿔 꿈을 빼앗기고 말았다. 속담에도 돈이 지갑에 두둑하면 먹지 않아도 배가 부르다는 말이 있다. 부동산 값이 오르면 팔지 않았는데도 없던 소비도 한다. 이것이 돈이 주는 꿈이고 자유다.

돈은 상상 속의 자유일 뿐

그러나 실상 돈이 주는 자유는 상상 속의 자유다. 상품은 실제 내가 먹고 자고 타고 다닐 수 있지만, 돈은 그럴 수 없다. 관념적 상상이 지나치면 구두쇠가 된다. 돈만 있으면 내 모든 상상이 현실이 된다고 생각하게 된다.

또한 돈이 많으면 많을수록 남들의 부러움을 더 받는 부자가 될 수 있다고 생각한다. 그렇기에 쓰지 않고 모으기만 한다. 돈이 쌓이는 계좌잔고만 보고 있어도 너무 기쁘고 즐겁다. 이렇게 그는 모으기만 하고 쓰지 않는 구두쇠가 된다.

그러나 '돈이 아무리 많아도 쓰지 않는 사람은 거지 팔자'라는 말이 있다. 돈을 쓰지 못하는 이유는, 만약 돈을 다 써버리면 과거 돈이 없던 시절로 되돌아갈 수도 있다고 생각하기 때문이다. 가난의 트라우마다.

지갑에는 돈이 두둑하지만, 실제 삶에서는 단무지를 안주 삼아 소주를 마시고, 버스 한 번 타고 오면 될 거리를 공짜 지하철을 세 번 갈아타며 시간을 허비한다. 이렇게 무한한 돈을 유한한 시간과 바꾼다. 결국 죽는 날까지 제대로 돈을 써보지도 못하고 눈을 감는다. 반면 자식은 부모가 모은 돈을 다 쓰고 사니 부자 팔자다.

돈은 자신만의 상상일 뿐이다. 어떤 것이든 이루고 나면 허무함만 남는다. 100억 원이 목표인가? 이루고 나면 허무하다. 원하는 대학에 합격하면 행복할까? 몇 달은 행복하겠지만 금방 익숙해진다. 선망하는 전문직 직업을 가졌다면 행복할까? 동네 의사에게 가서 물어보라. 의사가 되어서 행복한지. 아마도 무슨 헛소리를 하느냐며 위아래를 훑어볼 것이다.

제아무리 대단한 것도 금세 익숙해지고 담담해진다. 그래야 또다시 사냥에 나서기 때문이다. 어제 잡은 사냥감에 만족하면 몇 일은 버티겠지만 곧 굶어죽고 만다.

인간은 기쁨도 쉽게 익숙해지지만 고통도 익숙해진다. 여자가 임신의 고통을 오랜 세월 기억하고 있다면 인간은 멸종했을지도 모른다.

인간은 지난 세월을 항상 추억한다. 아무리 가난하고 고통스러웠던 과거도 추억 속에서는 아름답게 느껴진다. 그래서 과거를 회상하는 레트로 드라마가 잘 팔리고 나이 들면 동창회에 나간다.

그런데도 우리는 오늘도 돈을 벌고 모으고 투자한다. 돈이 없으면 고도로 분업화된 자본주의 사회에서 살아갈 수 없기 때문이다. 그러나 돈이 목표가 되면 결국은 돈만을 모으다가 진정한 행복이 무엇인지 모르고 늙어간다.

그런데 잘 생각하면 돈이 행복을 가져다 주는 것은 아니다. 돈을 상품으로 교환할 수는 있지만 상품과 교환되는 순간 무한교환 가치의 돈이 사라지며 행복은 끝나고 허무가 시작된다. 백화점 직원은 내가 가진 돈으로 자신의 상품을 사줄 것이라는 기대에 친절하지만 카드를 긁는 순간 친절도 끝난다.

따라서 우리가 진정으로 원하는 것은 돈이 아닌 타인의 욕망이다. 타인의 욕망을 다른 말로 표현하면 아무 대가도 바라지 않는 '진정한 사랑'이다.

이것이 동양철학과 서양철학의 차이다. 불교는 타인의 욕망을 배제해야 한다고 한다. 불교의 목표는 성불이고 다시는 환생하지 않고 먼지가 되어 없어지는 무아의 상태를 바란다. 따라서 불교는 상당히 비세속적이다. 반면 서양철학은 타인의 욕망을 인정하고 추구한다. 그것이 인간이 추구해야 하는 삶이라 얘기한다.

돈으로 살 수 없는 것

돈이 지배하는 자본주의를 벗어날 수 있는 방법은 무엇일까? 마르크스는 하나의 해법을 제안했다.

"세계에 대한 인간의 관계를 인간적 관계라고 전제한다면, 그대는 인간을 인간으로써만, 사랑을 사랑으로써만, 신뢰를 신뢰로써만 교환할 수 있다. 그대가 예술을 향유하고자 한다면 그대는 예술적인 교양을 갖춘 인간이 되어야만 한다. 그대가 다른 사람에게 영향력을 행사하고자 한다면, 그대는 현실적으로 고무하고 장려하면서 다른 사람에게 영향을 끼치는 인간이 되어야만 한다."

자본주의를 살면서 돈으로 무엇이든 교환할 수 있다고 생각한다면 오해다. 돈으로 살 수 없는 것이 있다. 예술을 진정으로 즐기려면 돈이 아닌 교양을 갖춰야 한다. 돈만 많고 무식하고 천박한 부자가 되지 않으려면 말이다.

⭐ 결론

돈으로 살 수 있는 친절과 사랑은 진심에서 우러나오는 것이 아니기에 허무하다. 마르크스가 얘기했듯이 사랑으로만 사랑을 교환할 수 있고 신뢰로만 신뢰를 교환할 수 있다. 진정한 사랑을 받으려면 진정으로 타인을 먼저 사랑해야 한다.

17장 매뉴얼은 노아의 방주

아무런 주식철학도 정보도 없는 개미가 정글과 같은 주식시장에서 버틸 수 있는 방법은 바로 매뉴얼을 지키는 것이다.

주식시장은 결코 만만한 곳이 아니다. 공포와 탐욕을 부추겨 결국 개미의 돈을 다 털어먹는 곳이다. 그야말로 약육강식의 법칙만이 존재하는 정글이다.

개미는 철학과 정보에 이어 경험마저 부족하기 때문에 무엇을 어찌해야 할지 몰라 우왕좌왕하다가 오를 때 탐욕에 사고 떨어질 때 공포에 판다. 내가 산 주식이 80%~90%까지 떨어지면 팔지 않을 개미가 없다. 또한 갑자기 오늘 +3%가 올라가면 따라 사지 않을 개미가 없다. 그러니 개미는 탐욕에 사고 -3%가 뜨면 공포에 판다. 너무 쉽게 그리고 순식간에 계좌가 녹는다. 그 돈이 피 같은 돈이든 여윳돈이든 가리지 않는다. 투자자의 입장을 고려하지 않고 집요하리만큼 강력한 흡수력으로 개미의 돈을 핥아간다.

주식에 장기투자하면 부자가 될까? 반은 맞고 반은 틀리다. 정확히 말하면 세계 1등 주식과 같이 망하지 않을 주식에 돈을 집어 넣고, 공포와 탐욕에 휘둘리지 않고 버티면 결국 부자가 된다. 그러나 이렇게 안정적인 주식에 투자할 개미가 몇이나 되나? 개미로 붐비는 곳은 비트코인, 밈주식, 미래 성장주와 TQQQ(나스닥지수 3배 추종 ETF) 등이다.

이런 주식들은 화끈하다. 오를 때는 천정을 뚫고 오르지만 내리꽂으면 -80~90%를 시전한다. 그리고 개미털기를 한다. 이런 공포 상황에서 개미들은 버텨낼 재간이 없다. 돈 버는 개미는 없고 피같은 개미들의 돈은 주식시장을 돌리는 윤활유 역할을 톡톡히 해낸다. 이처럼 시장을 돌리는 재료 역할에 머무르지 않으려면 무엇을 해야 하는가? 바로 매뉴얼 지키기다.

매뉴얼을 지키자

매뉴얼을 지키면 무엇이 좋은가?

올라도 떨어져도 마음이 편하다

개미가 털리는 이유는 오르고 내릴 때 심리적으로 휘둘리기 때문이다. 그런데 매뉴얼을 따르면 오를 때나 떨어질 때 모두 마음이 편안하다.

오를 때는 팔아서 이익을 실현하지 않는다. 파는 때는, 고점 대비 2.5% 떨어질 때마다 10%씩 판다. 리밸런싱을 하면서 평소에 판다. '오르면 어떻게 하나' 걱정하는 개미는 탐욕의 개미다. 이때 팔아야 한참 뒤 50%쯤 떨어졌을 때 '잘했구나' 하면서 무릎을 칠 수 있다.

50%쯤 떨어져야 사람들은 겨우 묻는다. "아직도 못 팔았는데 지금이라도 팔아야 합니까?"

매뉴얼은 첫 단추부터 철저히 채워가야 한다. 늦으면 기차는 떠나고 없다. 떨어졌을 때 팔아 놨고 현금이 있으면 내가 주식 포지션이 많아도 떨어지기를 바란다. 떨어지면 주식 수를 늘릴 수 있으니 더 좋다. 그래서 떨어져도 편안하다. 오르면 내가 가진 주식 포지션이 많으니 재산이 늘어난다. 더 없이 좋은 일이다.

-3%도 마찬가지다. -3%가 뜨면 비율대로 팔고 2.5% 또는 5% 떨어질 때마다 10%씩 주식을 사면 된다. 이것을 말뚝박기라고 한다. 2구간 오르면 V자 반등 리밸런싱을 하면서 달러로 주식을 모두 사면 된다.

그러니 떨어지거나 오르거나 상관없다. 더 정확히 표현하면 올라도 떨어져도 양방이 다 좋다. 그래서 매뉴얼을 지키면 밤 잠 푹 잘 수 있고, 떨어지면 주식 수 늘릴 수 있는 기회가 생겨 좋고, 오르면 자산이 늘어나서 좋다.

머리를 그다지 쓸 필요가 없다

매뉴얼을 지키면 머리를 쓸 필요가 없다. 매뉴얼에는 시장효율가설이라는 이론이 들어있다. 모든 뉴스나 이슈, 재무제표, 실적, 미래가치, 위험요소 등 그 기업에 관한 모든 것이 주가에 녹아 있다는 것이 시장효율가설이다.

사람들은 시장을 낮잡아 본다. 시장을 만만히 보고 바보 취급한다. 그러다 내가 산 주식이 -50%쯤 떨어지면 그제서야 "어이쿠!" 한다. '바보는 시장이 아니라 나였구나' 하고 뼈저리게 느낀다. 피같은 돈을 도박처럼 굴렸던 자신을 후회해 봐야 이미 늦었다.

주가가 시장이고 주가에 연동되어 사고파는 것이 바로 매뉴얼이다. 그런데 매뉴얼마저 하찮게 여기고 -3%가 떠도 공포에 떨지 않고 팔지 않으며 더 사야 할 때라고 거대한 파도 앞에서 삽질하다가 제대로 당한다.

매뉴얼에는 지난 40년간의 나스닥 데이터와 1등 주식의 공포와 탐욕까지 모두 들어있다. 따라서 공포를 제일 잘 파악하고 있으며 공포가 오는 신호가 오면 얼른 팔라고 얘기한다.

매뉴얼이 시키는대로 하면 정보가 필요 없다. 주가가 정보이기 때문이다. 나스닥 -3%가 뜨면 복잡하게 생각할 필요 없이 '지금이 굉장히 위험하구나' 이렇게 생각하면 된다. 애플이 5% 떨어지면 '지금 너무 비싸거나 위험이 닥치고 있구나' 생각하면 된다. 그리고 떨어지면 팔면 된다. 매뉴얼을 지키면 공부를 따로 할 필요도 없다.

절대 크게 손해보지 않는다

매뉴얼을 지키면 시장보다 조금 늦게 갈 수는 있지만 절대 큰 손해를 보지 않는다. 머리를 쓰지 않아도 경험이 없어도 공부를 안 해도 위기를 지나갈 수 있다. 떨어질 때마다 파는데 어떻게 재산이 날아가나? -3%가 떠서 90%를 팔았는데 재산이 반토막 날 수 있는가? 매뉴얼을 지킨다는 것은 이미 평소에 위험을 헤지한다는 것이다.

단순히 생각해보자. 주식은 저점에 사서 고점에 팔아야 성공한다. 다른 방법이 없다. 고점에 팔고 저점에 사려면 일단 무엇부터 해야 하는가? 고점에 팔아야 한다. 그래야 싸게 사서 주식 수를 늘리고 시절이 좋아져 주가가 오르면 부자가 될 수 있다.

그런데도 떨어질 때 팔지 않고 떨어진 가격에 더 주웠다는 얘기는 무엇인가? 재산의 10%만 들어갔다는 얘기인가? 90%는 현금을 갖고 있다가 떨어질 때 물타기 한다는 얘기인가?

논리적 모순이다. 100% 들어가야 오를 때 크게 벌지 10%만 들어가서 어떻게 재산을 늘리나? 대부분은 100% 다 들어간 상태에서 10% 떨어졌는데 월급 타서 1%쯤 들어가서 물타기 한다는 얘기인가? 그게 무슨 물타기인가? 평단가가 의미있게 낮아지기나 하나? 떨어질 때 팔아야 위기에 기회가 온다.

매뉴얼은 생각보다 단순하다

매뉴얼 중 핵심은 리밸런싱, 말뚝박기, V자 반등 리밸런싱이다. 차트 분석보다 품이 훨씬 적게 들고 공부할 양도 적다. 주가에 포함되지도 않을 재무제표, 기업분석, 미래가치 분석, 뉴스 분석, 시장 분석을 하는 것보다 훨씬 간단하다.

그런데 이 정도의 공부도 힘들다고 하면 투자를 멈추는 편이 낫다. 총도 방탄조끼도 없이 총알이 난무하는 전쟁터를 한가로이 거니는 것과 다를 바 없다.

여기서 꼭 부탁, 강조, 설득하고 싶은 말이 있다.

"제발 공부 좀 하자!"

고등학교 때 미적분 정도 공부할 머리면 매뉴얼은 하루면 다 이해가 간다. 복잡해 보인다고 넘어가려 하지 말고, 이것만은 익히자!

시간 여유가 많아진다

매뉴얼만 익히면 다른 공부는 할 필요가 없다. 뉴스를 매일 보지 않아도 된다. 기업의 재무제표를 보며 기업분석을 할 필요도 없다. 좋은 기업을 찾아다닐 필요도 없고, 미래가치를 분석하느라 머리를 쓸 필요도 없다. 매뉴얼에 뉴스, 재무제표, 기업분석, 미래가치가 모두 들어있기 때문이다.

엑셀로 리밸런싱 표 하나 만들어 놓고 장이 끝날 때쯤 일어나거나 그때도 못 일어나면 애프터 마켓에서 거래하면 된다. 평소에는 한 달에 한 번도 거래 안 할 때가 있고, 위기일 때도 일주일에 몇 번밖에 안 한다. 그러니 시간 여유가 많을 수밖에 없다.

매뉴얼로 세팅해 놓고 돈은 주식이 벌게 하고, 나는 남은 시간을 즐기면 된다. 돈은 목적이 아니라 수단이다. 국내주식을 하는 친구들을 보면 9시부터 3시 30분까지 사고 파느라 정신이 없다. 그리고 3시 30분 장이 끝나면 그때부터 그날의 복기와 내일의 분석·예상·정리에 또 많은 시간을 뺏긴다.

이것이 바로 돈의 노예가 되어 돈만이 목적인 사람의 모습이다. 모든 시간을 주식에 다 쏟아 부으면 언제 인생을 즐기는가? 그래서 돈이라도 많이 벌면 모르겠지만, 룰루랄라 매뉴얼을 따르는 사람보다 한참이나 떨어진 수익률이 대부분이다.

★ 결론

매뉴얼은 노아의 방주다. 어쩌다 한 번 오는 공황의 물난리에 그동안 원칙없이 투자한 개미들 모두 쓸려 내려간다. 결국 부자는커녕 평생 모은 돈 공황 한 방에 다 날리고 노후에 육체노동 하고 자녀에게 얹혀살거나 고시원에서 라면 끓여 먹는다.

매뉴얼을 지키면 공황에 절대 재산을 한꺼번에 잃을 일이 없다. 매뉴얼은 굉장히 보수적이다. 게다가 공황에 남들 홍수에 다 쓸려 내려갈 때 큰돈을 벌어 부자가 되는 터닝포인트가 된다. 그러면서 인생까지 즐길 수 있다.

정점을 찍고 떨어질 때 팔고
저점을 찍고 올라갈 때 사는 법

대부분의 주식 전문가들은 주가가 오를 때 팔고 떨어질 때 사라고 말한다. 그러나 나는 매뉴얼을 통해 떨어질 때 팔고 오를 때 사라고 말한다. 언뜻 보면 반대말 같지만 사실은 같은 말이다. 왜냐하면 내 말은 "정점을 찍고 떨어질 때 팔고 저점을 찍고 올라갈 때 사라"는 말이기 때문이다. 오를 때는 팔지 않고 보유해야 한다. 오를 때 팔았는데 이후 주가가 계속 오른다면 이런 투자로는 부자가 될 수 없다. 오를 때는 꾸준히 가져가야 한다. 반대로 떨어질 때 바닥인줄 알고 샀는데 그 밑에 지하실이 있다면

그림4_2022년 애플 매뉴얼 차트

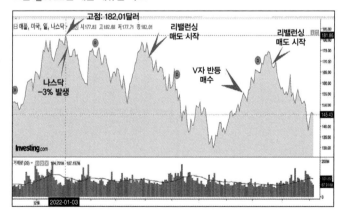

어떻게 되는가? 계좌가 시퍼렇게 멍들고 만다.

또한 주가가 얼마까지 오르고 얼마까지 떨어질지 알 수 없으므로 분할 매수, 분할 매도를 해야 한다. 문제는 그 방법이다. 10일간 자금을 매일 1/10씩 쪼개서 10% 샀는데 10일간 오르다가 11일째부터 떨어진다면? 이런 분할 매수는 원칙도 근거도 없다.

주식을 비싸게 팔고 싸게 사고 싶다면 매뉴얼에 충실하면 된다. 매뉴얼을 지키면 정점 찍고 내려올 때 팔고 저점 찍고 올라갈 때 살 수 있다.

18장

테슬라도 리밸런싱, 말뚝박기 전략으로 주식 수 늘어날까?

리밸런싱과 말뚝박기 전략으로 개미 투자자들이 가장 좋아하는 테슬라의 주식 수를 늘릴 수 있을지 사례분석을 해보자.

그림5_테슬라 일봉 차트

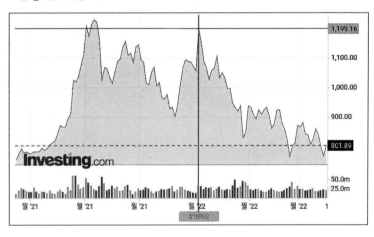

테슬라는 2022년 1월 3일 전고점 1199.78 달러를 찍고(액면분할 이전) 내리 떨어지기 시작했다. 2022년 3월 16일 기준 전고점 대비 약 35% 빠져 있다. 리밸런싱과 말뚝박기를 활용한다면 테슬라도 애플처럼 안정적인 투자가 가능할까?

테슬라는 변동성이 애플보다 큰만큼 5% 떨어질 때마다 10%씩 팔면서 리밸런싱과 말뚝박기를 하는 것으로 전략을 짰다.

2022년 1월 3일 전고점을 찍고 3월 15일까지 거의 2달이 지나는 동안 엄청난 변동성을 보였다. 그러나 거래는 단 6번만 있었으며 리밸런싱 수수료를 한 번도 내지 않았다.

나스닥 -3%가 뜨면 비율에 따라 테슬라를 매도하면서 말뚝박기 모드로 전환한다. 2022년 1월 6일 -3%가 떴고 테슬라는 고점 대비 10% 하락한 상태이니 20%의 테슬라 주식을 남겨두고 80%를 매도해 현금 80%를 확보한다. 이후 5% 떨어질 때마다 10%씩 테슬라 주식을 산다. 그러다 저점 대비 10%가 상승하면 남은 현금으로 테슬라 주식에 올인한다. 그런데 다시 5%가 떨어지면 다시 테슬라 주식을 10% 팔아야 한다. 이때는 리밸런싱 수수료가 발생한다. 따라서 이 방법을 쓸 때 주가가 횡보하면 수수료 부담이 꽤나 크다. 그러나 테슬라는 비트코인 등과 마찬가지로 떨어질 때 지속적으로 떨어졌고 이러한 리밸런싱 수수료를 한 번도 내지 않았다.

표_테슬라 전고점 1199.78 달러_액면분할 이전 가격 기준

	테슬라	말뚝박기	V자 반등 리밸런싱
전고점	1199.78	0%	
-5%	1139.79	10%	
-10%	1079.80	20%	
-15%	1019.81	30%	
-20%	959.82	40%	
-25%	899.84	50%	
-30%	839.85	60%	
-35%	779.86	70%	
-40%	719.87	80%	
-45%	659.88	90%	
-50%	599.89	100%	

표_테슬라 사례분석

날짜	이벤트	주가	상승률	현금	말뚝박기	리밸런싱	리밸런싱 수수료 손해
2022년 1월 3일	테슬라 전고점 1,199.78달러	1199.78	13.53%				
2022년 1월 5일	누적 -5% 하락	1088.12	-5.35%	10%			
2022년 1월 6일	누적 -10% 하락, 나스닥 -3% 발생, 테슬라 80% 매도	1064.70	-2.15%	80%	20%		
2022년 1월 19일	누적 -15% 하락	995.65	-3.38%	70%	30%		
2022년 1월 21일	누적 -20% 하락	943.90	-5.26%	60%	40%		
2022년 1월 27일	누적 -30% 하락	829.10	-11.55%	40%	60%		
2022년 2월 23일	누적 -35% 하락	764.04	-7.00%	30%	70%		
2022년 3월 15일	3월 15일 현재	801.89	4.63%	30%	70%		

반복되는 상승과 하락 사이에서 **지속적으로 기회 잡는 법**

이벤트 발생이 몇 번 없었으니 하나씩 살펴보자.

▶ **2022년 1월 3일**

테슬라가 전고점 1,199.78달러를 찍었다. 이후 떨어지기 시작했다.

▶ **2022년 1월 5일**

누적 -5% 하락해 1088.12달러를 찍었다. 따라서 테슬라 주식 10%를 매도해 현금화 했다. 현금 10%, 테슬라 90%.

▶ **2022년 1월 06일**

누적 -10% 하락해 1064.70달러를 기록했고, 이날 나스닥 -3%가 발생했다. 따라서 말뚝박기 시작이다.

테슬라 종가는 1064.70달러이니 -10% 이하의 구간이다. 말뚝박기는 20%이므로 테슬라를 80% 매도해서 비율을 맞춘다. 현금 80%, 테슬라 20%.

▶ **2022년 1월 19일**

누적 -15% 하락했다. 주가는 995.65달러. 현금 70%, 테슬라 30%.

▶ **2022년 1월 21일**

누적 -20% 하락했고, 주가는 943.90달러. 현금 60%, 테슬라 40%.

▶ **2022년 1월 27일**

누적 -30% 하락해 주가는 829.10달러. 현금 40%, 테슬라 60%.

▶ **2022년 2월 23일**

누적 -35% 하락해 주가는 764.04달러. 현금 30%, 테슬라 70%.

▶ **2022년 3월 15일 현재**

포지션은 현금 30%, 테슬라 70%로 같다. 801.89달러로 2구간 상승이 일어나지 않았기 때문이다.

리밸런싱, 말뚝박기, -3%를 테슬라에 적용하는 것은 매뉴얼과 맞지 않는다. 매뉴얼은 우상향할 주식에만 적용하기 때문이다. 우상향이 확실한 주식을 떨어질 때 물타기 하는 방식이다. 그럼에도 불구하고 테슬라가 무조건 우상향이라고 믿는다면 다음에 하락할 때 리밸런싱, 말뚝박기, -3%를 쓰면 좋은 성과가 있으리라 보인다.

평단가는 신경쓰지 않고 주식 수를 늘리는 것이 핵심이다. 주식 수를 늘려야 부자가 되지, 평단가는 그리 중요하지 않다. 리밸런싱, 말뚝박기를 하면 세금이 나간다고 하는데 세금은 벌어야 내는 것이다. 세금 안 내려고 기를 쓰다 고점 대비 35% 빠지면 기분이 어떤가? 나는 세금을 내더라도 우상향한다는 믿음만 있다면 리밸런싱,

말뚝박기의 방법을 사용하는 것이 낫다고 생각한다.

⭐ 결론

테슬라도 리밸런싱, 말뚝박기를 했다면 주식 수가 크게 늘어났을 것이고 변동성이 큰 장에서 현금확보를 하면서 여유있게 투자를 할 수 있었을 것이다. 단, 테슬라가 전고점을 돌파하면 써보기 바란다. 투자를 할 날은 쇠털처럼 많다. 지금 급히 시작하지 않아도 된다(테슬라 매수 추천이 아니며, 매뉴얼이 테슬라에도 통하다는 사실만 보여준 것이다).

19장 비트코인도 리밸런싱하면 개수가 늘어날까?

리밸런싱은 우상향할 주식과 지수만을 대상으로 투자해야 한다. 한국의 KT와 같이 10년간 떨어질 종목에 투자하면 떨어지는 주식에 물타기가 되거나 상장폐지 될 때 전재산을 날리기 때문이다. 따라서 세계 1등 주식, S&P500, 나스닥100, 다우존스 지수처럼 우상향할 종목이 아니라면 투자하지 말아야 한다.

그러나 비트코인, 테슬라 등 자신이 우상향하리라 믿는 종목이 있다면 그냥 가지고 있는 것보다는 리밸런싱을 하면 더 낫지 않을까 생각한다.

비트코인도 리밸런싱을 하면 개수가 늘어날까? 결론부터 얘기하면 아주 크게 늘어난다. 비트코인은 NYSE Bitcoin(NYXBT)으로 사례분석을 해보았다.

그림6_2022년 3월 9일 기준 비트코인 차트

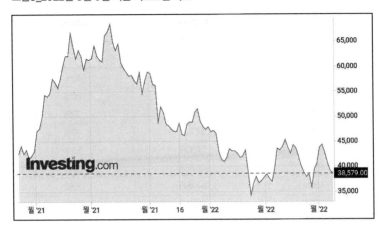

비트코인은 2022년 3월 9일 현재, 2021년 11월 10일 역사상 최고점인 68,412달러를 찍고 떨어지기 시작했다. 비트코인은 애플보다 변동성이 더 크기 때문에 리밸런싱의 경우 2.5%가 아닌 5% 구간을 설정해 50%를 적용한다. 리밸런싱은 5% 떨어질 때마다 10%씩 팔다가 10%(2구간) 올라오면 전량 매수하는 전략을 적용한다.

비트코인은 역사상 최고점인 68,412달러를 찍고 단 한번도 2구간 상승없이 내리 떨어졌다. 따라서 5% 떨어질 때마다 10%씩 팔았다면 2022년 1월 24일 가지고 있는 비트코인을 다 털고 현금을 확보했다고 볼 수 있다. 2구간 상승했을 때가 2022년 2월 7일이었는데 이때 가지고 있던 현금을 모두 올인했다면 비트코인의 개수를 크게 늘렸을 것이라 보인다.

표_비트코인 전고점 68,412 달러

	비트코인	리밸런싱
5%	71,833	
전고점	68,412	
−5%	64,991	10%
−10%	61,571	20%
−15%	58,150	30%
−20%	54,730	40%
−25%	51,309	50%
−30%	47,888	60%
−35%	44,468	70%
−40%	41,047	80%
−45%	37,627	90%
−50%	34,206	100%

표_비트코인 사례 분석

날짜	이벤트	가격	상승률	현금	비트코인	리밸런싱	리밸런싱 수수료 손해
2021년 11월 10일	비트코인 전고점 68,412달러	68,412	2.33%				
2021년 11월 11일	누적 −5% 하락	64,828	−5.24%	10%	90%		
2021년 11월 16일	누적 −10% 하락	60,766	−5.76%	20%	80%		
2021년 11월 19일	누적 −15% 하락	58,040	−1.31%	30%	70%		
2021년 11월 26일	누적 −20% 하락	54,488	−7.36%	40%	60%		
2021년 12월 6일	누적 −25% 하락	48,763	−13.18%	50%	50%		
2021년 12월 13일	누적 −30% 하락	47,410	−1.36%	60%	40%		
2022년 1월 6일	누적 −35% 하락	42,936	−7.76%	70%	30%		
2022년 1월 10일	누적 −40% 하락	40,932	−1.00%	80%	20%		
2022년 1월 24일	누적 −50% 하락	34,154	−12.04%	100%	0%		
2022년 2월 7일	2구간 상승	43,580	10.18%			100%	0.00%

반복되는 상승과 하락 사이에서 **지속적으로 기회 잡는 법**

따라서 단순한 존버보다는 비트코인도 5% 떨어질 때마다 팔고 10% 오르면 사는 리밸런싱을 적용했다면 개수를 늘릴 수 있었다. 단, 비트코인이 세계 1등 주식이나 지수ETF처럼 우상향한다는 믿음만 있다면 말이다.

⭐ 결론

비트코인도 리밸런싱을 하면 개수를 크게 늘릴 수 있다.

팁: 50%까지 떨어졌을 때 올매도 후 현금만 보유하기보다는 정말 우상향에 확신이 있다면 -50% 구간에서 일단 올인하고, 이후에 산 가격에서 또 5% 떨어지면 리밸런싱을 하는 것이 더 좋은 전략으로 보인다(테슬라처럼 비트코인도 매수 추천이 아니다. 매뉴얼이 통한다는 사실을 증명했을 뿐이다).

매뉴얼을 따를 거면 당신의 머리를 쓰지 말라

주식은 멘탈싸움이다. 주식은 자연현상이 아니다. 자연현상은 감정이 없다. 천체의 움직임을 비롯해 모든 자연현상은 항상 일정하게 움직인다. 규칙에서 벗어나지 않는다.

규칙적이면 미래를 예측할 수 있다. 지구의 자전축은 약 23.5도 기울어져 있어 봄, 여름, 가을, 겨울 4계절이 순환한다. 6~8월 북반구는 여름, 남반구는 겨울이고 6개월 후에는 반대로 변한다. 봄이 오면 여름이 오고 여름이 가면 가을이 온다는 사실을 알기 때문에 더운 여름에 추운 겨울을 대비할 수 있다.

그러나 주식시장은 예측이 불가능하다. 등락 속에 인간의 감정이 개입되어 있기 때문이다. 주가 지수가 숫자로 표시되니 마치 과학적으로 보인다. 그러나 그 숫자는 인간의 감정이 녹아 있는 숫자다. 인간이 돈에 대해 갖고 있는 탐욕과 공포의 숫자다.

탐욕과 공포는 자연현상과는 달리 불규칙하므로 예측이 불가능하다. 그래서 오늘 주식이 오를지 떨어질지는 단순히 50%의 확률인데도 우리는 알 수 없다.

주식이 좋은 점은 모든 상황이 숫자로 나타나는 것이다. 그래서 과거의 공황에서 겪었던 공포를 숫자로 알 수 있다. 만약 공황을 알고 싶다면 대표적인 공황의 숫자를 분석하면 된다.

대표적인 공황인 2000년 닷컴버블, 2008년 금융위기, 2012년 미국신용등급 위기 등 각종 위기의 숫자를 굵어온다. 각 공황의 시작은 한 달에 최소 나스닥 −3%가 4번 이상 발생한다. 그렇다면 한 달에 나스닥 −3%가 4번 뜬다면 위험신호임에 틀림없다.

그러나 이것은 확률이지 과학이 아니다. 앞으로도 그런다는 보장은 없다. 다만 공황은 한 달에 4번의 −3%가 떴으니 확실히 대응해야 하는 통계적인 숫자임에는 분명하다.

이런 통계적인 숫자를 알고 있다면 성공은 몰라도 망할 확률이 현저히 낮아진다. 주가가 오르는 와중에 나스닥 −3%가 떠서 모든 주식을 팔았다면, 주식이 올라 배가 아픈 포모는 있어도 주식으로 망할 수는 없다.

주식으로 망할 때는 손절을 못했기 때문이다. 안 팔고 버티다가 50% 이상 폭락하면 바닥에 팔고 주식 판을 떠난다. 위기상황에서 공포에 질려 떨어지면 팔고 오르면 사다가 계좌가 녹는다. 최소한 손절을 잘하면 허망하게 전재산을 날리는 일은 없다.

주식 시장은 위험한 때를 잘 넘겨야 한다. 위험한 시기를 지나면 꾸준히 올라가는 상승기를 맞게 된다. 태풍을 잘 넘기면 맑은 날은 반드시 온다. 태풍에 배가 좌초되지 않아야 맑은 날도 맞을 수 있다.

매뉴얼

"떨어지면 매도하라"는 말은 너무 모호하고 무책임하다. 기준이 명확하지 않다. 기준이 명확하지 않으면 그래야 하는 줄 알면서도 실제 실행은 할 수 없다. 지난 번인가? 지금인가? 하면서 망설이다 결국 시기를 놓치고 만다.

그래서 제시하는 기준이 이 책의 매뉴얼이다.

매뉴얼은 팔 때와 살 때의 기준을 나스닥 40년 간의 데이터로 검증하여 세세하게 정리해 놓은 것이다. 매뉴얼을 지키면 실수가 적다.

주식에서 승리하려면 공격 최대화보다는 수비에서의 손실 최소화가 관건이다. 10억 원에서 50% 떨어지면 5억 원이다. 그런데 다시 원금인 10억원이 되려면 2배가 올라야 한다. 한번 떨어지면 모수가 작아져 되돌리는데 2배의 힘이 든다. 그러니 손실을 줄이는 길이 부자 되는 지름길이다.

평소 매뉴얼을 달달 외워 익혀두기 바란다. 평소 소방훈련과 지진대피 훈련을 하는 것처럼 연습을 해놓으면 실전에서 조금 더 안정적으로 대처할수 있다. 불이 나고 지진이 나면 정신이 빠져버린다. 연습을 해놓지 않으면 연기에 질식해 죽거나 무너지는 시멘트 덩이에 깔릴 수도 있다.

주식도 마찬가지다. 갑자기 떨어지면 공포에 질려 얼음이 되버린다. 나중에 후회해도 소용없다. 그 사이 내 자산은 상처투성이가 되고 만다. 매뉴얼을 미리 익혀두어야 위기의 순간에 이성적으로 최선의 판단을 할수 있다.

꼭 매뉴얼이 아니더라도 상관없다. 자신만의 원칙을 만들면 된다. 단 주먹구구식이어서는 안 된다. 당신의 원칙이 나의 매뉴얼보다 정교하지 못하다면 실전에서 어떤 결과를 가져올지 알 수 없으므로 매뉴얼을 지키는쪽이 낫지 않을까 생각한다. 나의 매뉴얼은 만만찮은 과정을 거쳐 임상실험까지 끝냈으니 말이다.

매뉴얼을 따를 거면 자신의 머리를 쓰지 말고, 감정을 배제하고 기계적으로 사고팔아야 한다.

20장 세계 1등 이외의 주식은 리밸런싱만 하자

하락장에 빛나는 세계 1등 주식의 매력

매뉴얼은 세계 1등 주식을 위한 도구지만, 현실적으로 많은 투자자들이 애플(2023년까지 세계 1등) 외의 주식에 투자하고 있다. 단기투자야 매뉴얼이 필요하지 않지만 장기투자라면 문제가 된다. 애플 외의 주식에 투자할 때 본 내용을 참고하기 바란다.

2022년 12월 23일 현재 많은 종목들이 고전을 면치 못하고 있다.

- 로블록스 26.43달러, 고점 대비 약 80% 하락
- 메타 117.12달러, 고점 대비 약 65% 하락
- 코인베이스 34.59달러, 고점 대비 약 90% 하락
- 스냅 8.68달러, 고점 대비 약 90% 하락

비교적 우량한 테크주들도 50% 넘게 빠졌고, 미국을 넘어 세계 대표라는 빅테크 주식도 크게 밀린 상태다.

- 테슬라 125.35달러, 고점 대비 약 70% 하락
- 구글 87.76달러, 고점 대비 약 40% 하락
- 아마존 83.79달러, 고점 대비 약 50% 하락

애플은 132.23달러로 고점 대비 약 25% 하락하면서 여타 종목들에 비해 선방했고, 나스닥 하락률 -33%까지 이기면서 세계 1등 주식이 위기에 강하고 빛난다는 사실을 증명했다.

매뉴얼은 원칙적으로 세계 1등을 위한 것이다. 위기에 비율대로 손절하고 떨어졌을 때 주식 수를 모아가는 것이 핵심이다. 세계 1등이 아닌 주식에 매뉴얼을 대입하면 이는 미래를 보장할 수 없는 물타기가 되어 투자를 망칠 수 있다.

세계 1등에 매뉴얼을 적용할 수 있는 근거는 망하지 않기 때문이다. 세계 1등이 끝없이 떨어지면 2등과 순위가 바뀐다. 그러면 새로 1등이 된 주식으로 갈아타면 된다. 만약 세계 1등이 순위가 바뀌지 않으면서 지속적으로 떨어지면 어차피 세계 주식시장은 망한 것이다. 따라서 세계 1등은 매뉴얼을 적용해 떨어질 때도 지속적으로 주식을 모아갈 수 있다.

그런데도 세계 1등 외의 주식에 장기투자하려면

세계 1등 주식의 탁월성과 안정성을 깨달았는데도, 이외의 주식에 장기투자를 하는 투자자들이 존재한다. 이때는 나스닥 -3% 룰을 버리고 리밸런싱만 하면 된다.

-3% 룰은 나스닥 -3%가 떴을 때 비율대로 팔고 2.5% 떨어질 때마다 10%씩 또는 5% 떨어질 때마다 10%씩 사는 것이다. 이를 말뚝박기라 한다.

그러나 현재처럼 50% 이상 떨어진 종목에, 나스닥 -3% 룰을 지켜 말뚝박기를 했다면 주식비율이 100%일 것이고, 그럼에도 불구하고 여기서 더 떨어지면 멘붕이 온다. 세계 1등은 50% 이상 빠지지 않는다는 기본 전제가 있어 말뚝박기를 할 수 있었던 것이다.

그러니 세계 1등 이외의 주식에 매뉴얼을 적용한다면 -3% 룰은 지키지 말고 리밸런싱만 해야 한다. 리밸런싱은 5% 떨어질 때마다 10%씩 팔고 V자 반등으로 바닥에서 10% 오르면 100% 사는 매뉴얼이다.

세계 1등의 리밸런싱은 2.5% 떨어질 때마다 10%씩 팔고 5% 오르면 산다. 반면 세계 1등 이외의 주식은 변동성이 훨씬 크므로 구간을 5%씩으로 보는 것이 맞다.

만약 장기투자한 주식이 50% 이상 떨어지면 어떻게 하는가? 그냥 지켜보다가 바닥에서 10% 올라 V자 반등하면 그때 사면 된다.

테슬라

	테슬라	매수가격	현재가격
전고점	409.97		
-5%	389.47		
-10%	368.97		
-15%	348.47		
-20%	327.98		
-25%	307.48		
-30%	286.98		
-35%	266.48		
-40%	245.98		
-45%	225.48		
-50%	204.99		
-55%	184.49	매수가격	
-60%	163.99		
-65%	143.49	125.35	125.35
-70%	122.99		
-75%	102.49		
-80%	81.99		
-85%	61.50		
-90%	41.00		
-95%	20.50		
-100%	0.00		

테슬라로 예를 들면 약 65% 지점 이하로 떨어져 125.35달러를 기록 중이라면, 아직 122.99달러 밑으로 떨어지지 않았으니 현재 구간은 -65% 구간으로 잡으면 된다.

만약 테슬라에 매뉴얼을 적용했다면 50% 지점인 204.99달러에서 정리해 현금만 들고 있을 것이다. 그러면 현재는 지켜만 보면 된다. 그러다 만약 바닥을 찍고 오르기 시작해 V자 빈등으로 2단계, 즉 55% 구간인 184.49달러까지 종가에 올라오면 그때 올인하면 된다.

그리고 V자 반등을 확인 후 올인했는데 또 떨어지면 어떻게 하는가? 다시 5% 떨어질 때마다 10%씩 팔면서 리밸런싱을 새로이 적용한다.

최악의 경우, 매뉴얼을 적용했는데 한국의 조선주나 자동차 주식처럼 10년간 내리 떨어지면 어떻게 하나? 매우 난감하다. 원칙적으로 세계 1등 이외의 주식에 투자하면 이런 근본적이 위험이 발생할 수 있으므로 적당하지 않다. 10년간 혹은 20년간 내리 떨어지기만 할 때 추가로 매수하면 그건 물타기다. 장기투자를 하면서 주식을 잘못 골라 지속적으로 떨어지는 와중에 물타기로 대응하면 재테크 인생은 그걸로 끝이다. 주식 수야 늘어나겠지만, 아무 소용 없는 짓에 불과하다.

⭐ 결론

매뉴얼은 세계 1등에만 적용해야 한다. 그런데도 군이 장기투자에 적용해야겠다면 리밸런싱만 사용하자. 리밸런싱은 5% 떨어질 때마다 10%씩 팔고 V자 반등으로 바닥에서 10% 오르면 올인하는 매뉴얼이다. 그러나 주식을 잘못 골라 장기적으로 하락하면 이번 생의 재테크는 끝나고 만다.

반복되는 상승과 하락 사이에서 **지속적으로 기회 잡는 법**

21장 | 판단은 시장이 하고, 투자자는 매뉴얼을 따른다

사고파는 판단에는 두 가지 관점이 있다. 내가 직접 하느냐, 시장에 맡기느냐다. 매뉴얼로 대응하면 시장에 맡기는 것이고 나머지는 모두 자신의 판단에 의지하는 것이다.

사고파는 시점이 차트라면, 내 판단이다. 골든크로스와 데드크로스, 헤드앤 숄더, 쌍봉, 장대양봉, 20일선이나 60일선 등 판단을 내릴 근거들이 충분히 많다.

가치투자도 내 판단이다. PER, PBR, ROE, EV/EBITDA와 재무제표 등, 현재 주가가 싼지 비싼지 판단할 자료들이 넘친다. 퀀트 투자(증권사나 기업에서 제공하는 객관적 수치 지표로 투자하는 전략)도 마찬가지다. 소문에 사서 뉴스에 파는 방식도 내 판단이다.

주식투자에서 수많은 매매기법이 존재하지만 대부분의 판단은 나 자신이다. 그러나 매뉴얼은 온전히 시장의 판단이다. 시장의 머리를 빌리는 투자라 할 수 있다.

- -3%가 뜨면 위험신호이니 비율대로 파는 것은 시장의 판단에 내가 대응하는 것이다.
- 2.5% 떨어질 때마다 10%씩 파는 리밸런싱도 위험신호를 시장이 보내준 것이니 시장의 판단에 내가 대응하는 것이다.
- 5% 또는 2.5% 떨어질 때마다 10%씩 사는 말뚝박기도 제로금리에는 25% 이상 떨어지지 않으니 2.5% 구간을 둔 것이고, 제로금리가 아닐 경우 50%가 떨어질 수 있으니 시장의 판단에 내가 대응하는 것이다.
- 금리 인상기에 TLT, IAU로 헤지하는 것 또한 시장의 판단에 내가 대응하는 것이다.
- V자 반등 리밸런싱도 2구간 오르면 일단 위기가 끝난 것으로 볼 수 있으니 시장의 판단에 내가 대응하는 것이다.

시장의 판단이라는 근거는 나스닥 40년 간의 일간지수다. 예를 들어 나스닥에 -3%가 떴을 때는 한달+1일을 기다리면 대부분의 위험이 지나갔다. 그러니 일단 주식을 팔고 한달+1일을 기다리면 내 계좌를 보존할 수 있다는 것이 데이터로 증명되었다.

매뉴얼을 지키면 좋은 점은 다음과 같다.

- 크게 깨지지 않는다. 위기 신호가 왔을 때 주식을 팔면 잠 못 자고 심신이 상할 일이 없다.
- 위기는 곧 큰 기회로 돌아온다. 매뉴얼대로 팔고나서 더 떨어지면 기회가 온다. 반대로 존버는 위기는 위기일 뿐이다.

아이큐 100이 조금 넘는 내 머리를 믿겠는가, 아이큐 10,000의 시장을 믿겠는가. 결정은 본인의 몫이다. 자신이 시장보다 뛰어나다고 생각한다면 자신을 믿으면 된다. 아무도 강요하지 않는다. 그러나 아직도 경험할 것이 많다고 생각한다면, 경험이 충분히 쌓일 때까지 매뉴얼을 따르는 것이 이 바닥에서 살아남는 대안일 수 있다.

⭐ 결론

판단은 시장이 한다. 우리는 시장의 판단에 대응만 할 뿐이다.

22장

파는데 어떻게 망해?
안 팔아야 망한다

떨어진 주식을 팔고 나면 손실이 확정된다. 당장 마음은 아프지만 엄밀히 말해 손실이 확정됐기 때문에 투자가 망하는 건 아니다. 투자를 나락으로 이끄는 주범은 바로 원칙 없는 투자다.

100억 자산가가 나스닥 -3%가 뜨자 90억 원 어치를 팔았고, 나머지 10억은 그대로 주식에 두었다. 크게 떨어진 이후 팔았으니 이 사람은 망한 것인가? 그렇지 않다. 오히려 재산을 지킨 것이다. 증시가 추가로 하락해도 10억만 해당되고, 증시에 그 어떤 일이 일어나도 90억은 아무 일이 생기지 않는다. 못 벌 수는 있어도 결코 망할 수는 없다.

이후 다시 2단계가 올라가 비싼 가격에 다시 샀다고 하자. 그러면 망한 것인가? 그것도 아니다. 비록 비싸게 샀으나 평단가만 높아졌을 뿐이고, 주식 수는 좀 줄었겠지만 총자산은 크게 줄지 않고 거의

100억 원 그대로다. 그렇기에 망한 것이 아니다. 이때 괜히 사고 팔아서 손해만 봤다는 생각이 든다면, 욕심에 눈이 멀어 공포에도 헤지를 하지 않은 자신을 탓해야 한다.

나스닥 -3%는 시장이 주는 매우 위험한 신호다. 이 신호를 무시하고 롱베팅으로만 간다면 언젠가는 뼈저리게 눈물 흘릴 날이 온다.

시장이 매일 올라갈 수만은 없다. 조금만 생각해도 알 수 있는 사실이다. 그런데도 대부분의 투자자들은 시장은 계속 오르기만 한다는 착각 속에 빠져 있다. 그리고 막상 떨어지고 나서야 헤지를 하지 않은 자신을 탓한다. 문제는 여기서 끝이 아니다. 다음에도 또, 다음에도 또 똑같은 실수를 반복한다.

팔아야 기회가 오고 헤지가 된다

어떤 직장인이 그동안 피땀 흘려 모은 쌈짓돈을 삼성전자에 투자했다. 국내 최고 우량주에 투자했으니 이만 하면 헤지도 필요 없고, 시간만 지나면 부자가 되리라는 부푼 꿈에 젖어 있었다.

2021년 12월 삼성전자가 9만 6,000원을 찍었다. 역시나 그의 선택은 옳았다. 하지만 단꿈은 오래가지 않았다. 이후 내리 하락해 2022년 11월 5만 원대를 찍으며 거의 반토막이 나버렸다. 천하의 삼성전자에 도대체 무슨 일이 일어난 것인가?

삼성전자뿐만 아니라 세계 제1의 우량주라도 팔아야 하면 팔아야 한다. 삼성전자를 왜 9만 6,000원에 팔지 못했는가? 무엇을 믿기에 꽉 움켜쥐고 롱베팅으로만 간 것인가? 언제까지 올라갈 줄로만 알았나? 혹시 샀다 팔았다 하면 손해니까 안 판 것이 아닌가? 결국 아무것도 하지 않은 결과는 처참한 -50% 수익률이다.

고점에 팔지 못한 이유는, 욕심 때문이기도 하지만 정확히는 시스템이 없었기 때문이다. 고점 대비 몇 % 빠지면 매도하겠다는 그런 매도 시스템 말이다. 이 시스템이 없으면 막상 떨어져도 대응이 되지 않는다. 언제 얼마나 팔아야 할지 가늠이 되지 않는다. 그저 "어떡하지? 어떡하지?" 하며 탄성과 하소연만 내뱉을 뿐이다. 한국의 수많은 선량하고 모범적인 투자자들이 지금 이 상황에 처해 있다.

어디 삼성전자뿐인가? 엔비디아, 메타, 로블록스, 스냅, 코인베이스, 어도비 등 -50%가 아니라 -80% 난 종목들도 허다하다. 이런 종목들에도 차마 팔지 못해 자산이 묶여버린 개인들이 지천이다. 물론 엔비디아야 이후 상상하기 어려울 만큼 올라 존버가 위력을 발휘했을지도 모르지만, 미래의 일을 누가 알겠는가?

팔아서는 절대 망할 일이 없다. 안 팔아서 망할 뿐이다. 팔아서 망하는 경우는, 9만원에 산 삼성전자를 화가 치밀어 5만원에 팔았을 때다. 그때는 정말 망해버린다. 오랜 세월 안 먹고 안 쓰며 모아온 쌈짓돈이 희미한 기억 저편으로 사라져간다.

-50%까지 떨어져 원금이 제로가 되버릴 것만 같고, 억장이 무너져 밤에 편히 잘 수도 없을 때, 일단은 살아야겠다는 심정으로 파는 때, 그때가 망하는 때다. 그리고 놀랍게도 주식은 벼랑 끝에서 낑낑대며 기어올라와 다시 랠리를 펼친다. 내가 팔아버린 이후에 말이다.

주가가 오르지 않는 고난의 시기에는 리밸런싱, 말뚝박기를 통해 꾸준히 주식 수를 늘려가야 부자가 된다. 재산은 변동성이 큰 고난의 시기가 아니라, 변동성 없이 꾸준히 오르는 시점부터 크게 늘어난다. 인내의 시간이 지나야 부자가 될 수 있다는 뜻이다.

고난의 시기는 지키는 시간들이지 늘리는 시간들이 아니다. 그러나 안타깝게도 대부분의 투자자들이 이 고난의 시기를 버티지 못하고, 헐값에 재산을 내동댕이치듯 팔아버린다. 반면 소수의 사람들은 이 바겐세일의 시기에 자산을 늘려갈 기회를 잡는다. 부자가 드물고 대부분이 중산층 이하인 이유기도 하다.

인간에게는 고난을 견뎌낼 멘탈이 없다. 따라서 고난의 시기에는 인내가 아닌 시스템으로 마음의 안정을 찾기 위해 노력해야 한다. 오히려 고난의 시기에 매뉴얼을 따르면 주가가 떨어질 때 주식 수를 늘릴 수 있어 웃으며 어려운 시기를 넘길 수 있다. 그리고 새롭게 떠오를 태양을 기대하는 눈빛으로 기다릴 수 있다.

매뉴얼을 따르려면 기계적으로 따르고 머리를 쓰지 말아야 한다.

뇌는 자꾸 산 것을 왜 파냐고 할 것이기 때문이다. 본래 인간의 뇌는 투자에 적합하지 않아서 떨어지면 팔고 오르면 사라고 부추긴다.

신호가 나오면 망설이지 말고 반드시 팔자. 팔아야 달러가 생기고 달러가 생겨야 주식을 싼 값에 살 수 있다. 달러가 있으면 떨어질 때도 평단가를 낮출 수 있다는 생각에 마음이 안정된다.

고난의 시기에는 자산을 지켜야 하고 상승기에는 자산을 크게 불려 부자가 되어야 한다. 내 돈을 지키는 것도, 지킨 자산으로 부자가 되는 것도 투자자에게는 의무사항이다. 반드시 그렇게 되도록 시스템을 짜놓아야 한다.

⭐ 결론

언젠가는 고난의 시기가 끝난다. 그 후에는 감당 못할 정도로 주가가 상승하는 화창한 봄날이 온다. 오르고 또 오르고 또 오른다. 도대체 언제까지 오르는지 무서울 정도로 오르는 날이 일상처럼 반복된다. 매뉴얼을 지키자. 고난의 시기에 노아의 방주가 되어줄 것이다. 시스템이 없는 현재의 당신은 절대 고난의 시기를 무사히 지날 수 없다.

23장

한 발 늦게 투자해도 늦지 않는다

매뉴얼은 반드시 세계 1등 투자와 병행해야 한다

매뉴얼은 한 발 늦지만,
예측이 아닌 대응이므로 손해가 나지 않는다

매뉴얼은 확률에 기반을 둔 투자다. 확률은 앞으로 일어날 일을 100% 맞춘다는 의미가 아니라, 과거에 일어났던 이벤트를 수치화해서 행동지침을 알려주는 것이다.

예를 들어 공황과 같은 대침체는 나스닥 -3%가 뜨고 시작되었다. 그러니 일단 나스닥 -3%가 뜨면 위험하고, 주식을 가지고 있기보다는 파는 것이 유리하다. 그때 정확히 얼마를 팔아야 하는지 알려주는 것이 매뉴얼이다.

매뉴얼은 나스닥 40년 간의 데이터를 기반으로 시장의 생각을 수치화한 것이므로 매뉴얼을 따르면 시장의 생각에 근접할 수 있다.

예를 들어 주가가 한참 오르던 와중에 어느날 뜬금없이 나스닥 -3%가 떴다. 나를 포함한 대부분의 시장 참가자들은 '오늘 잠깐 떨어지고 다시 오르겠지' 하고 생각한다. 시장을 위협할 큰 문제가 보이지 않거나, 일어난 사건이 현재로선 그저 작은 일로 보이기 때문이다.

따라서 팔 이유도 없다. 혹시 팔았다가 올라버리면 낭패라는 생각이 앞서 잠깐 고민은 할지언정 결국 행동하지는 않는다.

그러나 만약 내 생각을 기반으로 2022년 1월에 주식을 팔지 않았다면 어떻게 되었을까? 애플을 제외한 대부분의 기술주들은 반토막이 났다. 당연히 투자자들의 계좌도 반으로 쪼개졌을 것이다. 따라서 내 생각이 아닌 시장의 생각(매뉴얼)을 따라 움직여야 한다.

주가가 막상 전고점을 돌파하며 오르면 사람들은 또 다시 잊어버린다. 그리고 다시 50% 빠지면 그제서야 '왜 진작 안 팔았을까' 후회를 반복한다. 그러니 주식 경력 40년이 되어도 하락장을 손실 없이 피해가지 못하는 것이다. 구체적인 행동지침이 없으면 실수는 무한반복된다.

매뉴얼은 예측이 아니라 시장의 생각에 대한 대응이다. 확실한 수치를 확인 후 투자한다. '시장이 안 좋을 것 같으니 미리 주식을 팔아 놓자' 같은 예상이 아니다. 주가가 빠지는 것을 확인하고, 혹은 나스닥 -3%를 확인한 후 매도를 결정한다. 미리 사거나 팔아놓고 시장의 생각을 초조히 기다리는 전략과는 딴판이다. 비록 한 발 늦지만 매뉴얼은 대응의 영역이므로 손해를 보지 않는다.

매뉴얼은 세계 1등 투자와 병행해야 한다

매뉴얼은 세계 1등 투자와 세트로 묶여 있다. 세계 1등 투자는 "세계 1등 주식은 망하지 않는다"는 것이 기본 전제다. 그러니 오늘 고점 대비 -25%로 떨어져 있어도 언젠가는 반드시 오른다. 만약 세계 1등이 망한다면 이미 2등과 순위가 바뀌어 있으므로 전제 자체가 성립되지 않는다. 순위가 바뀌지 않고 1등이 망한다면 세계경제가 망하는 것이니 어떤 투자를 해도 망한다. 그러니 세계 1등이 망할 이유는 없다.

그래서 매뉴얼은 세계 1등 투자와 병행할 때 시너지를 발휘한다. 손절이나 익절이 없고, 다만 떨어지면 주식을 모아가고 오르면 오르는 주가를 즐기면 된다. 매뉴얼대로 파는 것은 나중에 더 싸게 사기 위한 2보 전진을 위한 1보 후퇴다. 고점에 -3%가 떠서 90%를 팔고 현금을 확보해야 저점에서 10%씩 싸게 살 수 있지 않은가?

그런데 가끔 팔지도 않았으면서 줍줍한다는 모순된 말을 듣는다. 현금 보유 없이 대부분의 자금을 주식으로 꽉꽉 채워놓는 것이 일반적인 투자자들의 패턴 아닌가? 줍줍을 하려면 결국 다른 주식을 팔아야 한다는 이야기인데, 거기서 난 손실은 손실이 아니란 말인가? 수평이동이 무슨 의미가 있는가? 줍줍한 종목이 팔아버린 종목보다 더 오른다는 보장도 없는데 말이다.

특히 증시가 폭락한 상태에서 줍줍한다는 글을 보면 '이 사람이 제정신인가' 하는 생각이 든다. 99% 투자금이 들어가 있는 와중에 떨어질 때마다 여유자금으로 0.1%씩 사봐야 어디 주식 수가 늘어나겠는가? 일단 고점에서 팔아서 대부분의 현금을 확보해 놓아야 주가가 크게 빠졌을 때 왕창 들어가 주식 수를 늘릴 수 있다. 그게 상식이고 정상이다.

그러나 세계 1등이 아닌 여타 주식이나 코인을 매뉴얼에 대입하면 문제될 여지가 있다. 가끔 비트코인, 성장 급등주와 같은 주식에 매뉴얼을 사용해도 되는지 질문을 받는다.

결론을 이야기하면 대입해도 된다. 앞서 테슬라와 비트코인을 리밸런싱 매뉴얼에 대입하는 방법까지 설명했다. 비트코인이 전고점인 6만 달러일 때 매뉴얼을 따랐다면 지금 비트코인 개수를 크게 늘렸을 것이다.

그러나 문제는 쫄딱 망할 수 있다는 데 있다. 한국의 조선주, 건설주, 자동차주와 같이 지속적으로 떨어지는 주식에 매뉴얼을 대입했다면 생각만 해도 끔찍하다. 10년간 내리 떨어지기만 하는 주식에 매뉴얼을 대입했다면 비록 주식 수는 늘어나겠지만 재산은 크게 줄었을 것이기 때문이다.

매뉴얼은 물타기와 같은 역할을 한다. 예를 들어 상장폐지 된 주식에 물타기를 하면 어떻게 되는가? 결국 0이다. 아무리 큰 수들을 곱해도 결국 마지막에 0을 곱하면 0이 되는 이치다. 물론 비트코인과 성장 급등주가 모두 0이 된다는 말은 아니다. 매뉴얼과 세계 1등이 맞다는 강조일 뿐이다.

⭐ 결론

세계 1등과 매뉴얼의 병행투자가 아니라면 나머지는 큰 의미를 두기 어렵다. 매뉴얼과 세계 1등을 병행하면 재테크에 실패할 수 없으며 미래에는 반드시 부자가 될 수 있다.

*매뉴얼은 익히고 나면 간단하지만, 익히는 과정에서는 이해가 충분하지 않을 수 있다. 적용에 어려움을 겪거나 더 자세한 정보를 원한다면 필자가 운영하는 유튜브와 다음카페에 방문해(검색어: JD부자연구소) 실시간 정보들을 얻기 바란다. 당신이 믿고 움직이는만큼 부자의 문은 빨리 열리며, 움직이지 않으면 아무 일도 일어나지 않는다. 꿈만 가진 사람이 되지 말고, 꿈을 이뤄가는 사람이 되길 바란다.

자본주의 인문학 CAPITALISM HUMANITIES

주인과 노예의 삶

**뼈 때리는
팩폭**

역사를 배우는 이유에 대해 《사피엔스》의 저자 유발 하라리에게 질
문한 적이 있다. 대부분 역사를 배우는 이유는 과거로부터 교훈을
얻기 위함이라고 답한다. 그러나 유발 하라리는 '자유로워지기 위해
서'라고 답했다.

자유로워지기 위해 역사를 배운다? 역사를 공부하다 보면 대부분
피지배층에 대한 지배층의 억압의 역사임을 알 수 있다. 예를 들어
조선시대 유교 문화라면 양반의 부녀자는 남편이 죽을 때 따라 죽어
야 한다. 그래야 열녀문이 세워진다. 남편을 잃은 여자에게 가해지
는 사회적인 억압이다.

자본주의를 살고 있는 우리는 무엇에 억압당하고 있을까? 인간
이 지구를 지배하게 된 이유가 무엇인가? 인간은 동물 중에서 특이
하게 거짓말을 잘하고 그것을 믿었기 때문이다. 인간의 역사는 거짓

말과 믿음의 역사다. 인간은 상상의 질서를 만들고 믿음으로 질서를 유지한다.

자본주의를 유지하는 중요한 상징은 국가, 민주주의, 돈이다. 그러나 국가는 상상의 공동체이며 민주주의라고 하지만 인간은 평등하지 않고 돈은 단순히 종이쪼가리에 불과하다. 사실은 세 가지 상징 모두 거짓말이다.

따라서 현재 자본주의에서 우리를 억압하는 것은 국가, 민주주의, 돈이라 할 수 있다. 특히 자본주의는 돈이 근본이 되는 사회다. 우리가 돈에 억압당하고 있다는 사실을 알아야 한다. 그래야 자유로워질 수 있다.

마르크스는 역사발전 5단계에서 '원시공산사회-고대노예제사회-중세봉건사회-자본주의사회-공산주의 사회'로 발전한다 했다.

고대 노예제사회, 중세 봉건사회에서 자본주의사회로 이동했을 때 이를 구분짓는 것은 자유의지를 갖는 시민의 존재 여부다. 여기서 자유는 계약의 자유다. 내가 스스로 노동을 제공하는 계약이다. 고대 노예제사회나 중세 봉건사회는 계약으로 노동하지 않았다. 그렇다면 시민은 어떻게 스스로 계약할 수 있었을까? 산업혁명 때문이다.

조선시대는 농경사회였기 때문에 양반과 노비의 사회다. 농경사회에서는 토지를 가진 자가 지배자가 된다. 땅을 가진 자는 지방호

족이 될 수 있었고 물을 치수할 수 있다면 왕이 될 수 있었다. 아무 것도 가지지 못한 무산계급은 대부분이 소작농과 노예가 될 수밖에 없었다.

그러다 18세기 영국에서 산업혁명이 일어났다. 모든 것의 부가 가치는 토지에서 기술로 옮겨갔다. 에너지가 인간과 동물에서 석탄, 석유 등 화석연료로 바뀌었기 때문이다.

현대차 아반테의 최대 출력은 204마력이다. 아반테 엔진의 힘이 204마리의 말이 끄는 힘과 비슷하다는 얘기다. 산업혁명은 바로 에 너지 혁명이다. 인간과 동물의 힘에서 발전의 중심이 화석연료의 힘 으로 바뀌었다는 의미다.

엔진의 효율적 이용 이후 인간과 동물의 힘은 쓸모 없는 것이 되 었다. 동물은 주로 인간의 에너지를 만드는 고기로 쓰여지기 시작했 다. 그래서 산업혁명 이후 인간의 GDP는 기하급수적으로 올라간다.

산업혁명 이후의 인간

산업혁명 시대에 인간은 어떤 쓸모로 바뀌었을까? 힘에서 머리로 바뀌었다. 화석연료 앞에서 인간의 힘은 보잘 것 없었기 때문이고, 화석연료만으로 인간은 빠르게 달릴 수 있었고 대양을 건널 수 있 었으며 심지어 우주로 날아갈 수도 있었기 때문이다. 그래서 머리를 쓰지 않는 노예의 힘은 화석연료가 대체하니 머리 쓰지 않는 인간은 필요없는 시대가 된 것이다.

산업혁명 이후 생산성은 인간의 머리에서 나오기 시작했다. 인간의 노동은 '얼마나 열심히 일하느냐'에서 '얼마나 창의적으로 일하느냐'로 바뀌었다. 농사는 열심히 일을 하면 되지만 산업사회는 부가가치를 만들어내지 못하면 열심히 했다는 말만으로 인정을 받지 못한다. 노예를 아무리 채찍질한다고 반도체를 만들어낼 수 없고, 넷플릭스 오리지널 드라마를 만들어낼 수 없기 때문이다. 노예가 많은 나라는 부자도 될 수 없었다. 그래서 산업사회 이후 국민의 교육이 중요해졌다.

초기 제국주의 국가는 왕정과 노예제를 버리고 시민이 중심이 되는 공화정의 민주주의로 바뀌었다. 그럼에도 불구하고 왕정과 노예제를 고수한 나라는 제국의 식민지로 전락했다. 그렇다고 국가를 시민이 지배한다는 뜻은 아니다. 시민은 노예에서 바뀐 개념일 뿐이다. 억지로 일하는 것에서 돈을 받으며 일하는 것으로 바뀌었을 뿐 현대의 시민도 고대의 노예와 마찬가지이다.

그렇다면 현재를 지배하는 자본주의는 무엇이 중심인가? 바로 돈이다. 돈에 의한 지배다. 사람들은 이러한 지배논리를 스스로 믿고 있다. 누구도 억지로 일을 시키지 않는다. 다만 돈으로 모든 것의 교환이 가능한 시스템이다. 사람들은 자본주의 사회에서 스스로의 노동을 돈으로 사고팔고 있다.

자본주의 사회의 지배자

자본주의 사회에서 지배자는 돈을 가지고 있는 자, 피지배자는 돈을
가지지 못한 자이다. 노예제 사회에서 토지를 가진 자가 지배자, 토
지를 가지지 못한 자가 피지배자가 되는 논리와 같다. 무산자인 우
리가 노예인지 우리 스스로만 모르고 있을 뿐이다.

한국은 그런 면에서 다른 나라보다 훨씬 더 자본주의에 잘 적응
한 나라다. 유튜브에서 흔히 한국을 다른 나라와 비교할 때 월등히
좋은 점으로 꼽는 것들은, 여자들이 안심하고 살 수 있는 나라, 택배
물건을 훔쳐가지 않는 나라, 밤에 마음대로 다닐 수 있는 안전한 나
라 등이다.

그렇지만 가장 좋은 점은 밤부터 새벽까지도 자영업자가 일을 하
는 나라다. 다른 나라들은 저녁이면 자영업자들도 휴식을 취한다. 7
시만 되면 도시에 불이 꺼진다. 그런데 한국은 저녁에도 치킨배달이
가능하고 밤을 세워 술을 마실 수도 있다.

우리의 밤문화는 자영업자들의 피와 땀이 있었기에 가능했다. 한
국은 돈에 대한 욕망이 다른 나라보다 훨씬 더 크다고 볼 수 있다.
돈에 대한 욕망이 클수록 돈에 대한 지배도 쉽다.

반복되는 상승과 하락 사이에서 **지속적으로 기회 잡는 법**

사람들은 비교를 좋아하고 질투를 통해 욕망이 생겨난다. 테슬라의 일론 머스크는 몇 백조 부자여도 별로 부럽지 않지만 친척이 산 아파트가 10억 오르면 배가 아파 죽는 것이 사람이다.

돈에 대한 욕망이 가장 큰 곳은 도시이다. 돈이 많은 사람은 돈을 잘 쓰기 위해 도시로 모이고 돈이 없는 사람은 돈을 벌기 위해 모인다. 그래서 도시가 크면 클수록 돈에 대한 욕망도 커진다.

서울 인구는 세계 24위로 거의 1000만 명에 가깝다. 인구대국이며 후진국인 중국, 인도 등과 후진국 도시들을 빼고 나면 서울은 선진국 중에서 도쿄에 이어 두 번째다. 런던, 뉴욕도 서울보다 인구가 적다. 그런 면에서 서울은 돈에 대한 욕망이 세계적으로 크다고 볼 수 있다.

한국에 사는 한 돈으로부터 자유롭기는 힘들다. 평소 주변과 끊임없는 비교를 당하기 때문이다. 한국은 자유 민주주의를 표방하지만 사고방식은 유교식이다. 수평적이지 않고 수직적이다.

한국 사람은 누군가를 처음 만나면 나이부터 묻는다. 그렇게 알게 된 나이로 형과 동생이 정해지고 존댓말과 반말이 정해진다.

나이를 알면 이젠 사는 곳을 묻는다. 그래야 얼마나 부자인지 가늠할 수 있다. 직업을 물어 부의 정도와 사회적 지위를 파악한다. 출신 대학도 빼놓지 않는다. 지능 수준을 판가름하는 잣대이기 때문이다.

이러한 여러 가지 질문을 통해 누가 위고 아래인지 계급을 정하고, 사귈 사람인지 아니면 상대도 못할 사람인지 판단한다.

주인과 노예의 삶

자신의 뜻대로 살면 주인의 삶, 타인의 뜻대로 살면 노예의 삶이다. 삶의 기쁨을 느끼기 위해 노예의 삶을 선택하는 사람은 없다. 사람이라면 노예의 삶을 벗어나 주인의 삶을 살려고 한다. 억압에서 벗어나 자유로운 인생을 꿈꾼다.

자본주의에서 억압에서 벗어나는 길은 단순히 보면 부자가 되면 된다. 그러나 안타깝게도 누구나 다 부자가 될 수는 없다. 부자는 항상 소수다. 부자가 소수인 이유는 상대적 개념이기 때문이다. 시골에서는 10억만 있어도 부자 소리를 듣지만, 강남에서는 어림도 없는 일이다.

따라서 한국사람 모두가 부자가 되려는 욕망을 버리지 않는한 대부분의 사람들은 평생 억압에서 벗어날 수 없다. 아무리 노력해도 결국 내 재산과 남을 비교하면 나는 상대적으로 가난해지기 때문이다.

스스로 가난하다 생각하면 마음이 가난해진다. 예를 들어 강남에 30평대 아파트를 가지고 있으면 객관적으로 부자이나 강남 40평대 아파트를 가지고 있는 사람에 비해서는 가난하다. 그래서 더 부자가 되기 위해 돈을 더 버느라 시간을 허비한다.

⭐ 결론

자본주의를 살면서 억압에서 벗어나려면 가치를 돈이 아닌 다른 곳에 두어야 한다. 가족, 배움, 취미, 여행 등 좋아하고 잘할 수 있는 곳에 가치를 두고 사는 것이다. 대부분의 타인은 돈을 욕망한다. 하지만 내가 돈을 욕망하지 않을 뿐더러, 돈이란 무엇을 하기 위한 수단에 불과하다고 생각한다면 더 이상 상대적인 가난에 시달리지 않아도 된다.

꼭 부자가 아니어도 세상에는 내가 좋아하고 잘할 수 있는 일들이 많다. 이 일들을 하면 자본주의의 억압에서 벗어날 수 있다. 그러나 한국의 도시에 살면서 누군가와 소통까지 하는 인생을 사는 한 현실적으로 쉬운 일은 아니다.

2부

떨어지면 반갑고,
오르면 그 자체로 좋은,
주식 투자법

24장
공황에는 달러 자산이 최고다

연준이 금리를 인상하면 전세계 유동성이 줄어들면서 디폴트를 선언하는 국가들이 늘어난다. 이미 많고, 임박한 국가들도 많다. 자세히 살펴보자.

연준의 유동성 축소

물가 불안, 금융위기 등으로 인해 연준은 유동성을 줄이기로 마음먹는다. 금리를 올려 시중의 자금을 줄인다. 금리만 올려서 유동성을 잡을 수 없다 판단되면 양적축소까지도 한다. 즉 가지고 있던 채권도 팔아서 시중의 돈을 흡수하는 조치다.

약한 고리의 유동성 축소

월가는 유동성이 넘칠 때 중남미 또는 아시아 국가들에게 돈을 빌려주었다. 문제는 이런 국가들의 경우 외환보유고 문제로 연준의 금리 인상에 취약하다는 점이다.

예를 들어 뉴욕 월가의 JP모건 같은 글로벌 투자은행의 대출 관계자가 있다고 하자. 멕시코, 파키스탄과 같은 나라들의 소식이 들려올 때마다 한 마디로 돈을 못 받을까봐 불안하고 초조하다. 그래서 결국 남미와 아시아에서 투자를 줄이겠다고 생각한다. 왜냐하면 내가 너무 늦게 대출 축소를 하면 다른 월가의 투자은행이 먼저 대출 축소를 하면서 나는 돈을 받을 수 없을지도 모르기 때문이다.

누군들 덤터기를 쓰고 싶겠는가. 결국 내가 먼저 대출 축소를 하기로 마음먹는다. 한국의 서울지점 대출 고객에게 전화를 걸어 더 이상 대출 연장은 없으니 만기가 돌아오면 대출을 상환하라고 한다.

대출 상환

이 고객은 자신의 계좌에서 필요한 액수를 원화로 인출한 다음 미국의 달러로 바꿔 대출을 상환한다. 물론 한국은 이미 충분한 외환보유고를 갖고 있어 환전하는 데는 문제가 없다. 그러나 서울의 지점은 현금보유고를 보충해야 하므로 다른 기업의 대출 회수에 들어간다.

신용축소

이제 문제의 시작이다. 이 기업인은 대출을 갚기 위해 원화(돈)가 필요하다. 그래서 다른 은행에서 돈을 인출해 돈을 갚는다. 인출된 은행은 또 다시 다른 기업인에게 대출을 회수한다. 갈수록 더 많은 은행들이 대출 회수에 나선다. 그러면서 서울 각 은행들의 신용축소가 일어난다.

즉 신용이 아무리 좋아도 만기 시점에 은행의 대출연장은 없다. 혹은 액수가 줄어든다. 결국 연준의 금리인상은 미국의 대출 회수로 이어지고, 서울에서는 수십 배의 나비효과로 대출 회수가 돌아온다.

뱅크런

은행의 대출 회수로 기업인들이 유동성 위기에 빠졌다고 뉴스에서 떠들기 시작한다. 이 상황을 지켜보던 예금주들은 '내 돈을 과연 찾을 수 있을까' 걱정이 된다. 그러다가 하나둘 돈을 인출하기 시작한다. 바로 뱅크런이다.

그로 인해 은행은 현금유동성이 마르면서 더 많은 대출 회수에 나서고 다시 신용경색이 일어난다. 이것이 대공황으로 인한 신용경색과 은행파산의 과정이다.

대비책

대비책은 물론 있다. 정부는 예금주의 돈이 안전하게 있다는 믿음을 주면 된다. 예금자 보호법으로 1인당 한 은행에 5천 만원까지는 보장한다. 그러니 뱅크런이 일어날 이유가 없다. 그리고 위기상황에서는 은행에 더 많은 유동성을 공급하며 돈을 많이 찾아가도 문제가 없도록 만든다.

문제는 다른 데 있다. 환율 상승이다. 예금주의 돈은 안전하다. 그러나 미국 투자은행의 지속적인 대출 회수로 인해 달러가 더 많이 필요하다. 달러를 찾는 이가 많아지면 달러 가치가 올라가고 원화 가치가 떨어진다. 그래서 당장 달러가 필요 없는 사람들도 원화를 달러로 바꾸려는 수요가 늘어난다. 원화보다 달러 보유가 더 유리하기 때문이다. 이럴 경우 달러/원 환율이 치솟는다.

그래서 위기상황에서 국가는 달러대출의 회수가 아니라면 원화를 달러로 바꾸는 것을 금지한다. 그러나 월가의 달러대출 회수가 더 늘어나면 한국은행은 금리를 올려 외국인들의 자금이탈을 막는다. 금리상승이 지속되면 대출을 갚지 못하는 사람들의 비중이 늘어난다.

부동산, 주식과 같은 실물자산의 가치가 떨어진다. 대출회수가 안 되면 은행은 부실자산이 늘어난다. 은행은 부동산을 경매로, 증권회사는 반대매매로 자금회수에 나선다. 결국 대비책이 있더라도 연준의 금리인상이 지속된다면 한국의 신용경색은 피할 수 없다.

⭐ 결론

연준의 금리인상은 달러가치의 상승을 불러오고 이 기간이 길어지면 한국에는 신용경색이 일어난다. 월가 투자은행의 이익도 줄어든다. 그래서 금리인상기에 월가 은행들 주가가 떨어진다. 공황에서는 달러자산 보유가 최고다.

25장 │ 공포스러운 시장, 살아남는 자가 부자가 된다

주식투자도 시장이 다양하다. 일단 신흥국으로 대표되는 한국시장과 선진국 시장인 미국시장을 비교해 보자. 난이도로 따지면 한국시장이 미국시장보다 훨씬 어렵다. 그런데도 개미 투자자는 한국시장에 훨씬 많다. 이유가 무엇일까?

양도세

대부분의 사람들은 양도세는 돈을 벌어야 낸다는 사실을 알지 못한다. 미국주식에 투자하면 22%의 양도세를 내야 하니 한국보다 매력이 한참 떨어진다고 생각한다. 그러나 양도세는 돈을 벌어야 내는 세금이다. 마이너스면 양도세를 내고 싶어도 못 낸다.

개미들은 양도세가 없다고 한국시장을 좋아한다. 하지만 양도세를 낼 사람이 없으니 없애준 것이나 다름없다. 10년에 한 번 오르는데 어떻게 양도세를 내는가? 내고 싶어도 못 낸다. 한국에서 주식투자를 하면 대부분 본전이 목표다. 본전까지만 오면 무조건 팔겠다는 사람이 곳곳에 지천이다.

한국은 모멘텀 시장이다. 따라서 바이앤홀드, 즉 존버하면 지속적으로 마이너스가 나는 시장이다. 어쩔 수 없이 오르면 팔고 떨어지면 사기를 반복해야 하고, 이 흐름을 잘 타야 한다. 이는 본성에 반하고 개미들은 그럴 정보와 능력이 없다. 기본적으로 고수가 아니면 시장에 오래 발을 붙일 수 없다. 그래서 양도세가 있더라도, 양도세를 낼 개미들은 거의 없다.

익숙함

한국시장에 투자하는 이유는 익숙하기 때문이다. 국도를 타다 보면 종종 갓길에 고장난 차가 서 있는 모습을 본다. 대번에 고장난 차인 걸 아는 이유는, 차주가 본네트를 열어놓고 들여다보고 있기 때문이다.

사람은 익숙하면 잘 안다고 생각한다. 자신이 매일 타고 다니는 차는 당연히 자신이 가장 잘 안다고 생각한다. 본네트를 열어보면 원인이 무엇인지 알 수 있을 것만 같다. 그런데 보면 아나? 차가 익숙할 뿐이지 원인은 알 수 없다. 원인을 모르니 고칠 수 없다.

제주도에서는 이런 광경을 볼 수 없다. 제주도엔 렌터카가 많기 때문이다. 익숙하지 않기 때문에 고장이 나면 긴급출동 서비스를 부르지 본네트를 열어보지 않는다. 스마트폰도 마찬가지다. 자동차보다 더 익숙하지만 그렇다고 우리가 기계 결함을 고칠 수는 없다.

익숙함과 앎에는 차이가 있다. 익숙하다고 하여 잘 알 수는 없다. 코스피의 잡주에 투자하면서 한국기업이라는 사실 빼고는 아는 정보가 없다. 회사 이름은 익숙하지만 어떤 문제가 있는지는 깜깜이다. 차라리 한국의 잡주보다는 애플, 아마존, 마이크로소프트를 더 잘 알지 않는가?

악재 반영

한국시장은 세계에서 가장 난이도가 높다. 이 세상의 모든 악재를 다 반영한다. 북한에서 미사일을 쏴도 떨어지고, 미국의 선물이 떨어져도 떨어지고, 비트코인이 폭락해도 떨어지고, 중국 경기가 안 좋아도 떨어지고, 유가가 올라도 떨어진다.

왜 한국시장은 이 모든 악재를 반영할까? 외국인의 한국시장 선물 공매도 때문이다. 외국인은 한국시장에만 투자하지 않는다. 해외의 여러 곳에 투자하면서 롱숏 전략을 펼친다.

롱은 오르는 것에, 숏은 떨어지는 것에 투자하는 방식이다. 숏은 공매도라고도 한다. 외국인이 주로 공매도를 치는 곳이 바로 한국 주식시장이다. 공매도를 치는 데 아주 좋은 환경이기 때문이다.

중국은 정부의 규제가 심해 공매도가 쉽지 않다. 동남아는 규모가 작아 자금의 입출입이 원활하지 않다. 일본은 선진국 시장이니 제외한다. 결국 신흥국 시장 중 한국만 남는다. 공매도를 치기에 가장 좋다.

심지어 한국 주식시장에 투자하지 않는 외국인도 코스피 선물을 이용해 공매도를 친다. 예를 들어 A라는 외국인이 원유가 올라 원자재 시장에 투자하고자 한다면 원자재에 투자하고 헤지를 위해 한국 코스피에 숏을 친다. A는 심지어 한국 주식시장에 투자하지도 않았다.

모든 외국인 투자자가 이런 방식으로 한국 선물에 헤지를 한다. 그러니 한국이 세상의 모든 악재를 다 반영하는 것이다.

반면 미국은 항상 평균 30%의 수익률 상위에 들어가는 시장이다. 세계 수익률 1등이라는 얘기다. 한국은 10년에 한 번 오는 폭등장에서 100% 올라가면서 세계 수익률에서 1등을 할 수도 있다. 그러나 9년 동안 마이너스가 나면서 하위권으로 간다. 그러나 미국은 공황이 아니라면 거의 플러스가 난다. 한국이 순간속도는 빠를지 몰라도, 평균속도에서 미국이 한국을 한참이나 압도한다. 따라서 한국시장에 비해 미국시장이 쉽다.

한국시장의 수익률이 들쭉날쭉인 이유

왜 한국시장은 미국시장보다 수익률 면에서 들쭉날쭉일까? 1981년 이후 코스피 연간 수익률을 보면, -20% 또는 -10%대에서 그래프가 가장 높다. 이는 매년 손해를 보다가 한두 해, 즉 90~100%가 나

그림7_1981년 이후 코스피 연간 수익률 분포

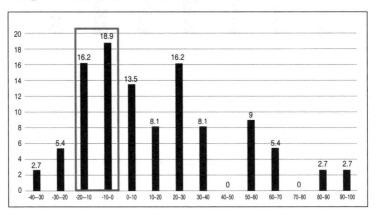

그림8_코스피 장기 그래프

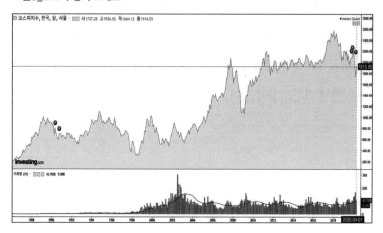

그림9_1982년 이후 S&P500 연도별 수익률 분포

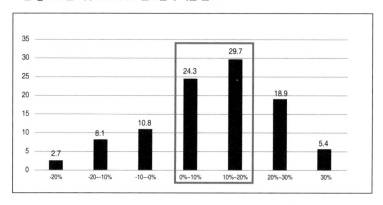

는 해가 10년에 한 번 있다는 뜻이다.

반면 미국은 다르다.

미국 S&P500의 평균수익률 중 가장 높은 수익률 분포를 나타낸 것은 0~20%까지다. 매년 주가가 오르다가 10년에 한 번 떨어지는

그림10_나스닥 장기 그래프

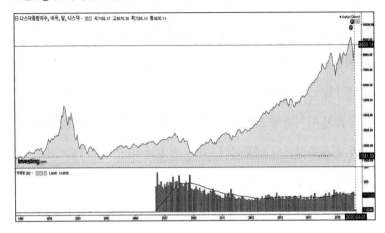

위기가 온다는 의미다. -20% 이상 떨어질 확률은 2.7%다. 그림10 나스닥 장기 그래프만 봐도 꾸준히 오르다가 공황을 만나면 한 번씩 떨어진다. 2008년 금융위기, 2011년 미국 신용등급 위기, 2018년 10월 연준 이자율 위기, 2020년 코로나 위기 그리고 2022년 인플레이션 위기다.

미국시장에 투자한다고 무조건 수익이 보장되지는 않는다. 손실이 나는 투자자도 있을 수 있다. 미국시장도 위기가 오기 때문이다. 그 위기를 공황이라고 한다.

손실을 대비하고 수익을 유지하는 측면에서, 특히 꾸준히 오르는 미국시장이라면 공황만큼 중요한 장애물이 있을 수 없다. 한국시장처럼 울퉁불퉁한 도로가 아니라, 가끔씩 물웅덩이만 나오는 미국시장에서는 가끔 나오는 이 물웅덩이만 조심하면 되기 때문에, 물웅덩이(공황)에 대한 조사가 이뤄져야 마땅하다. 그런데 어쩐 일인지 워런 버핏을 비롯한 어떤 주식고수도 이 중요한 프로젝트에 대해서 언급하지 않는다. 그저 "위기가 언제 올지 알 수 없다"고만 한다.

그들이 이처럼 중요한 일을 게을리 대하는 이유는, 그들이 굴리는 돈이 천문학적이기 때문이다. 워런 버핏의 버크셔해서웨이에서 애플주식이 차지하는 비중은 40~50% 가까이 된다.

그런데 워런 버핏이 나스닥 -3%가 떴다고 리밸런싱을 한다고 하자. 90%의 애플주식을 시장에서 파는 순간 애플은 고점 대비 90% 폭락할 수도 있다. 따라서 버핏은 나스닥 -3%가 떠도 애플을 절대 팔 수 없다. 장외에서 블록딜로 팔 수는 있지만 이 역시 시장에 알려지는 것은 시간문제다(오래 들고갈 계획이던 주식이 정말 아니라고 생각되면 장외에서 블록딜로 파는 경우가 있기는 하다. IBM처럼 말이다). 이처럼 거물이 리밸런싱을 했다가는 개별주가가 완전히 망가지고 만다. 공황이 와도 주식의 내재가치가 변하지 않으면 들고가는 것이 큰손의 원칙이다.

"10년 이상 들고갈 주식이 아니라면 10분도 들고 있지 말라." 워런 버핏이 개미들에게 한 말이다. 무조건 장기투자를 하라고 말하고 개미는 이 말을 금과옥조로 받아들인다. 그 말의 속뜻은 개미들의 생각과 다른데도 말이다.

그런 워런 버핏조차도 자주 손절을 한다. 지난 코로나 때 항공주를 손절하지 않았는가? 포지션이 작다면 손절이 비교적 쉽다. 우리는 큰손이 아니다. 위험을 회피할 수 있다면 피하는 것이 상책이다.

순간속도보다는 평균속도다

가장 좋은 트레이더는 '최장 몇 년간 손실 없이 이익이 났는가?'로 따진다. 15년간 또는 20년간 매년 어떤 이익이 났는가를 따져 좋은 트레이더를 꼽는다. 한 번의 손실이 파산으로 갈 수도 있기 때문이다. 투자에 있어서 위기관리 능력이 얼마나 중요한지 알 수 있는 대목이다. NBA 농구 경기를 보면 공격이 강한 팀보다 수비가 강한 팀이 우승한다.

피터 린치는 피델리티에서 '마젤란펀드'를 13년간 운용하면서 연 29%의 수익률을 올려 월가의 전설로 불린다. 린치는 펀드를 운용했던 1977년에서 1990년 사이에 관리자산을 1,800만 달러에서 140억 달러로 늘렸다. 13년간 연간 수익률은 29%였다.

그런데 피터 린치의 마젤란드에 가입했던 사람들은 절반이 손해를 봤다. 오를 때 펀드에 가입해서 떨어질 때 손해를 보면서 팔고 나왔기 때문이다. 그렇다고 이들을 비난할 이유는 없다. 우리 역시 막상 떨어지면 견디기 힘들기 때문이다. 인간은 그렇게 창조되었다.

부자가 되려면 무엇보다 공황을 잘 넘어가야 한다. 안전해 보이는 미국시장도 예외가 아니다. 그래서 강제적인 원칙이 있어야 한다. 그것이 앞에서 주구장창 설명했던 매뉴얼이다.

공황과 같은 위기를 잘 헤쳐나가도록 돕는 도구가 매뉴얼이다. 매뉴얼의 기본은 나스닥 40년간의 데이터로 만들어졌다. 공황이 닥쳐도 최소한의 피해로 넘어가도록 설계되었다.

⭐ 결론

한국시장보다는 미국시장에 투자하고, 매뉴얼을 익혀 위기에 잘 대응하면 20년 후에는 결국 부자가 될 수밖에 없다.

26장 주식방송의 거짓말

우리는 정보의 홍수시대에 살고 있다. 주식방송만 해도 도대체 몇 개인가. 요즘은 유튜브까지 더해져 그 수를 헤아리기도 어렵다. 이들 방송을 보면서 항상 드는 의문점이 있다. '과연 주식방송에서 추천하는 종목에 투자하면 돈을 벌 수 있는가?' 주가가 떨어지면 주식방송 패널들의 낯빛은 어두워진다. 떨어질지 몰랐다는 의미이자, 손절하지 못하고 물렸다는 얘기다. 그럴 때마다 이들은 비슷한 패턴의 말을 쏟아낸다. 그래서 그들이 어떤 거짓말을 하는지 한번 살펴보았다.

"공부하면 돈 번다"

주가가 떨어질 때 나오는 단골 멘트다.

"공부를 안 해서 그렇다."

"투자한 기업의 재무제표부터 최근뉴스까지 죄다 공부하지 않았기 때문에 손실을 본 것이다."

"기업탐방도 해보고 사장도 만나봐라."

결국 '내 탓이 아니라 니 탓'이라는 무책임한 발언이다. 주식방송은 끊임없이 주식을 추천한다. 주가는 오르기도 하지만 떨어지기도 한다. 만약 떨어지면 댓글창은 난리가 난다. 그럴 때 주식방송에서 투자자에게 책임을 미루면서 하는 말이다.

공부해서 투자하면 돈 번다는 말은 사실 거짓말이다. 매일 차트를 분석하고 재무제표 보고 뉴스 보고 기업탐방도 하면 돈이 벌리나? 아니다. 정말 그렇다면 주식방송 하는 사람들과 회계사들은 이미 부자가 되어 은퇴했어야 정상이다.

그런데 어디 그런가? 기업탐방을 하면 사장은 백이면 백 과도한 자신감을 보이며 자기 회사 주식을 사라고 한다. 그러지 않고서야 기업탐방을 오라고 할 리가 있나? 사실은 삼성전자의 이재용 부회장도 내일 삼성전자 주가가 오를지 떨어질지 모른다. 게다가 해외기업은 기업탐방 자체가 힘들고 일개 개미들은 엄두도 안 난다. 그럴 시간도 돈도 없다.

주식은 자연의 물리현상처럼 움직이지 않는다. 어제 오늘 올랐다고 내일 오르지 않는다. 일정한 패턴이 없다. 오늘의 주식시장은 어

반복되는 상승과 하락 사이에서 **지속적으로 기회 잡는 법**

제와는 관계가 없다. 인간의 불확실한 감정에 의해 움직이기 때문이다. 인간의 집단적인 감정은 공부한다고 알 수 있는 것이 아니다.

"우량주 투자하고 오래 묵혀두면 오른다"

"단타 치면서 사고파니까 수익률이 안 좋다."

"회전율이 많을수록 마이너스가 날 확률이 높다. 그러니 우량주에 묻어놓고 HTS, MTS 지우고 비밀번호 잊어버리고 몇 년 지나면 당신은 부자가 되어 있을 것이다."

오늘 추천하고 결과는 10년쯤 후에 보라는 얘기다. 그래야 책임 소재에서 자유로우니까 말이다. 오늘 샀지만 평가는 10년 후다. 10년 후까지 그 주식을 들고 갔을 리가 없고 10년 후에 그 주식 추천한 사람이 누군지도 생각날 리가 없다.

"오늘 샀는데 오늘 오르면 그게 주식이냐? 로또지?"

10년쯤은 기다리라면서 이렇게 덧붙인다. 주식방송을 하는 사람들은 책임에서 벗어나는 말을 연구한다. 어떻게 해야 추천은 계속하되, 책임에서 자유로울 수 있을지 연구하는 듯하다.

부동산도 마찬가지다. 부동산 전문가가 재개발 빌라를 사라 해놓고 몇 달 지나서 요즘 매물이 많아지면서 가격 떨어진다고 하면 "부동산은 10년은 바라보고 하는 거지 좀 떨어졌다고 징징대면 되느냐?"고 되려 면박을 준다.

한국주식이건 미국주식이건 우상향만 하는 주식은 없다. 노키아는 한때 휴대폰 세계 1등이었지만 애플 때문에 망했고, IBM은 1980년대 컴퓨터의 강자였지만 내리 떨어졌으며, GE는 100년이 넘은 기업이지만 다우종목에서 빠지며 2000년대 세계 1등을 할 때보다 반토막 이상이 났다.

2000년 한국의 시가총액 10위 종목 중 현재까지 시가총액 탑10에 들어간 종목은 삼성전자가 유일하다. 2010년 현대차에 투자했다면 163,000원에서 2024년 3월 현재 23만 원대가 되었을 뿐이다. 그것도 수 년 만에 급등해서 이 정도다. 그런데도 우량주에 투자하면 부자가 된다고? 당연히 거짓말이다.

오래 묵혀두면 오르는 것은 '지수'다. 대표적으로 다우존스 지수, S&P500지수다. 예를 들어 S&P500은 S&P라는 기업에서 500개 종목을 수시로 편입, 편출한다. 떨어질 종목은 빼고 오를 종목만 골라담으니 오르는 것이다.

따라서 개인도 당연히 사고팔아야 한다. 어느 한 종목을 사서 올랐다면 운이 좋은 것일 뿐이다. 그런데도 개인들이 지수에 투자하지 않는 이유는, S&P500의 연평균 수익률이 9.1%밖에 되지 않기 때문이다. 인간은 욕망의 하수인이다. 시장보다 훨씬 더 큰 수익률을 올리고 싶기 때문에 지수의 상승률은 눈에 들어오지 않는다. 모름지기 투자라면 1년에 두 배는 수익을 거둬야 한다. 욕심은 1년 두 배가 가능해 보이게 한다.

"기다리면 오르니 절대 팔면 안 된다"

"기왕 손해본 거, 조정이 끝날 때까지 기다려라."
　"이번이 바닥이니 조만간 오를 것이다. 그러니 절대 팔면 안 된다."
　기다림에 지쳐 손절하려는 고객에게 하는 말이다. 그러다 조금이라도 오르면 "그것 봐라. 내가 오른다고 하지 않았느냐?" 하면서 기고만장해지고, 그러다 다시 떨어지면 연준이 금리를 올려서, 중국이 봉쇄를 해서 등등 이 핑계 저 핑계 대면서, 떨어졌으나 일시적이라고 둘러댄다. 주식방송에서는 절대 주식을 매도하라고 하지 않는다. 팔고 나면 고객이 떠날 수도 있으니 이만한 손해가 또 어디 있겠는가? 무슨 수를 써서라도 고객들을 붙들어 놓아야 한다.
　그러나 어렵지 않은 평범한 진실이 있다.
　'떨어지는 종목은 팔아야 한다.'
　팔지 않으면 재수 없으면 상장폐지를 당할 수도 있다. 반토막, 1/3토막 나는 종목들도 시작점은 있기 마련이다. 그 시작점에서 아무 행동을 취하지 않으면 그 이후로도 어떤 행동도 취할 수 없다.

주가가 떨어지는 데는 다 이유가 있다. 그러니 일정 비율을 정해 놓고 떨어지면 손절을 해야 한다. 그런데도 주식방송은 절대 팔지 말라고 한다. 욕먹기 싫은 주식방송도 그렇지만 추천을 받은 개미들도 이익이 아닌 이상 손해를 보면서 팔 생각이 없다. 손실 확정이 주는 두려움 때문이다. 그러다 보니 서로 간의 이해관계가 맞아떨어진다.

어느새 계좌는 마이너스 수십 퍼센트를 찍는다. 성질 급한 사람은 마이너스 50%가 나면 손절하고 온갖 저주를 퍼부으며 주식판을 떠나버린다. 인내심이 있더라도 떨어지다 떨어지다 지칠 때쯤에 주가가 올라 겨우 본전을 찾으면 그때 팔고 다시는 주식을 하지 않는다. 부자가 될래야 될 수 없는 길을 가고 있다.

"분산투자 하세요"

"계란을 한 바구니에 담지 말라는 말이 있습니다. 그러니 여러 개의 섹터로 나눠서 분산 투자하세요. 떨어질 때도 분산이 되어서 안전합니다."

주식방송은 끊임없이 주식을 소개해야 하기 때문에 이런 말을 입버릇처럼 자주 한다. 한 주식에 올인을 하면 다른 주식은 살 수가 없지 않은가? 주식방송의 전문가가 더 이상 할 일이 없어진다.

책임소재도 문제다. 오르면 다행이지만 떨어지면 어떻게 감당하는가? 그러니 수십 개를 소개시키고 그 중에 하나 오르면 "그것 보라. 내가 오른다고 하지 않았나?" 하면서 자화자찬을 한다. 물론 떨어진 종목은 말도 꺼내지 않는다.

개미가 분산투자로 부자가 된다는 말은 거짓말이다. 종자돈이 작기 때문에 분산까지 해버리면 부자가 되는 데 수백 년이 걸릴 수도 있다.

반면 한 종목에 올인해 운 좋게 부자가 된 경우는 종종 있다. 모든 자금을 애플에 올인했는데 스마트폰 광풍이 일거나 스타벅스, 아마존처럼 끝없이 우상향하면서 수십 배 오르는 경우가 그렇다. 이처럼 올인 전략으로 운 좋게 부자가 될 수는 있어도 분산투자로는 답이 나오지 않는다.

분산투자가 부자로 가는 급행열차 티켓이 될 수 없는 이유를 구체적으로 살펴보자.

물타기

분산투자를 한다는 개미들은 최소 10종목 이상을 매수한다. 10종목을 사면 한두 종목은 오르기 마련이다. 보통의 개미들은 일단 오르면 팔고 싶은 욕심을 떨치지 못한다. 수익을 확정하고 싶은 마음에 기분 좋게 오른 종목을 판다. 그리고 나머지 8, 9개 종목은 떨어져 있는데 오른 종목을 팔아 이들 종목에 물타기를 한다.

결국 최악의 선택이다. 계좌에는 마이너스만 남는다. 인간의 본성이 원래 그렇다.

이익과 손해가 분산되었기 때문이다

종목은 얼마나 분산시켜야 할까? 10종목이면 될까? 50개면 될까? 그냥 자신이 마음에 드는 종목 여러 개를 수집하는 수준일 것이다. 기업분석은 했을 리 없고 증권방송에서 찍어 주는 종목, 신문기사에 난 종목, 요즘 유행하는 종목 등 마구잡이로 샀을 것이다.

어렵지 않게 수십 개 종목을 사게 되고, 그 중 제대로 된 종목이 있을 리도 없다. 우량한 종목을 장기적인 안목으로 사는 대신 기분 내키는 대로, 유행을 따라 샀을 것이다. 대부분 이미 많이 오른 종목 위주일 가능성이 크다. 따라서 10개 중 8개 이상은 마이너스를 기록하는 것이다.

가장 좋은 분산투자는 S&P500이나 나스닥100과 같은 지수에 투자하는 방식이다. 지수는 제대로 된 분산을 했기 때문이다. 필수소비재, 유틸리티, 기술주, 방산, 기타 등 유행과 관계없이 전 섹터에

걸쳐 우량한 기업을 리스트업 해놓은 것이 바로 S&P500이다. 실적이 나빠지면 지수에서 제외하고, 대신 최근 성적이 좋아진 종목을 편입한다.

개인들이 분산을 할 때도 지속적으로 사고 판다. 마치 S&P500 종목을 관리하는 것처럼 말이다. 누가 더 나을까? 시간과 돈과 정보에서 월등히 앞선 지수가 당연히 압승이다. 결국 분산투자는 개미가 취할 전략과 거리가 멀다. 분산투자를 원한다면 지수를 사면 그만이다.

지수도 좋지만 그냥 세계 1등이 더 낫다. 세계 1등에 올인을 하며 투자하다가 세계 1, 2등이 바뀌면 새로운 1등으로 바꿔탄다. S&P500 지수에 투자하는 것보다 수익률도 좋고 하기도 쉬운 방법이다. 세계 1등은 자주 바뀌지도 않는다.

이런 조언을 듣고도 '모름지기 주식은 하이 리스크 하이 리턴이지' 하는 마음이 바뀌지 않았다면, 전기차와 같은 미래산업 혁신기업에 올인해서 운 좋게 오르면 부자가 될 수 있다.

증권방송에서 하는 예측은 모두 걸러라

"올해 코스피 4000 갑니다."

"OO전자 10만 전자 가니 떨어져도 절대 팔지 마세요."

주식방송에서 종목을 추천하면서 확신을 주기 위해 하는 말들이다. 하지만 팩트가 아니라 예측이다. 주식방송의 예측대로 되었다면 코스피는 이미 10,000은 넘었어야 정상이고 OO전자도 100만 원쯤 갔어야 한다.

증권방송의 미래예측은 모두 걸러야 한다. 한낱 인간의 예측이기 때문이다. 인간은 미래를 내다볼 수 없다. 컴퓨터 발명에 크게 이바지한 수학천재 존 폰 노이만은 "세계 시장이 필요로 하는 컴퓨터는 다섯 대면 충분하다"고 했다. 마이크로소프트의 창업자 빌 게이츠는 "메모리는 640K면 충분하다"고 했다.

천재들의 예측도 시간이 지나고 보면 망상이나 헛소리에 가까운데, 주식방송 전문가들의 예측을 어떻게 믿을 수 있다는 말인가? 그 예측을 믿고 피 같은 돈을 맡기면 쫄딱 망한다.

당신도 예측을 멈추라. 당신도 그들과 다르지 않다. 비단 주식뿐만이 아니라 모든 예측은 불확실하다. 인간의 영역이 아닌 신의 영역이기 때문이다.

2008년 금융위기, 2011년 미국 신용등급 위기, 2018년 이자율 위기, 2020년 코로나 위기, 2022년 인플레이션 위기 등 이렇게 수많은 위기를 예측한 애널리스트가 있었을까? 물론 닥터둠으로 불리는 루비니 교수처럼 매번 떨어진다고 하면 위기가 오면 맞췄다고 좋아하지만, 유명한 격언이 있지 않은가, 고장난 시계도 하루에 두 번은 맞는다.

그런데 세계 1등은 어떤가. 우상향한다. 예측이 아니다. 세계 1등이 우상향하지 않으면 주식시장이 망한다는 의미와 같다. 만약 세계 1등이 떨어지면 2등과 순위가 바뀐다. 그러니 세계 1등은 우상향한다는 말은 거짓이 아닌 사실이다. 그러나 세계 1등도 위기를 맞는다. 그래서 매뉴얼이 있는 것이다. 위기에 팔려면 원칙이 있어야 할 것 아닌가.

⭐ 결론

주식방송의 말은 대부분 거짓이다. 내가 공부하고 예측해서 종목을 찍어 분산투자하고 장기투자하면 부자가 될 것이라는 생각을 버려라. 개미들이 주식투자에 실패하는 이유는 시간과 돈과 정보와 직관이 없기 때문이다.

세계 1등에 투자하고 매뉴얼대로 대응하자. 시간과 돈과 정력을 아끼자. 투자는 그렇게 맡겨놓고 우리의 시간과 돈과 정력은 다른 곳에 써야 한다. 바로 당신의 인생을 위해서다.

27장 예측하지 않는다. 대응할 뿐이다

이슈에 휘둘리지 마라. 예측하지 마라

'오늘의 메인 이슈'란 무엇인가? 오늘 주가가 왜 올랐고 떨어졌는지 이유를 설명할 때 쓰는 말이다. 대부분 하루짜리 단기적인 원인과 결과치다. 게다가 사후분석이다. 주식투자에 도움이 되지 않는다는 말이다. 따라서 오늘의 이슈와 뉴스에 사고 파는 사람은 결과를 내는 투자자가 될 수 없다.

이슈와 함께 버무려지는 것이 예측이다. 사전분석이고, 단기가 아닌 중장기적인 예측도 할 수 있다. 그런데 예측은 맞을 수도 있고, 틀릴 수도 있다. 모든 예측이 다 맞는 사람은 존재하지 않는다. 노스트라다무스도 1999년 지구종말을 틀리게 예측했다.

그러니 매일 조변석개하는 뉴스를 바탕으로 예측한다는 것 자체가 얼마나 불가능하고 부질없는 짓인가? 예측은 틀리기 마련이기 때문에 이를 바탕으로 투자하면 망하는 길로 갈 수밖에 없다. 오늘 주가가 오르면 계속 오를 것 같아 사고, 떨어지면 계속 떨어질 것 같아 판다. "주식은 심리다"는 바로 이를 두고 한 말이다. 심리적으로 쫓기면서 오르면 사고 떨어지면 팔다가는 어느 순간 정신을 차리고 보면 계좌가 녹아 있다. 예측으로 투자했다가 망하는 전형적인 유형이다.

게다가 예측을 바탕으로 투자하는 사람은 자존심이 강하다. 웬만한 확신과 고집이 아니고서야 어떻게 자신의 전재산을 예측으로 투자하겠는가? 그래서 이들은 대부분 자신의 예측을 확신하고, 확신한 대로 행동한다.

만약 오른다고 예측해 샀는데 떨어지면 어떤 마음이 들까? 자신이 틀렸다는 사실을 인정하지 않는다. 판단은 맞았는데 주식시장이 틀렸다고 생각한다. 적반하장으로 주식시장이 자신을 망신줬다고까지 생각한다. 자존심의 문제이므로 팩트를 접하고도 자기주장을 꺾지 못하고, 손절도 할 리 없으므로 주가하락을 하염없이 기다리는 자세로만 대한다.

최악의 경우는 물타기다. 시장이 잠시 미친 것일 뿐이므로 더 많은 주식을 사서 평단가를 낮춘다. 그러나 한번 떨어진 주가는 회복하지 못하고 더 깊은 나락으로 떨어진다. 시장은 한번 떨어지기 시작하면 반등이 아니라 더 크게 더 빨리 떨어진다. 그러니 주식은 예측하지 않아야 한다.

주식투자는 대응이다

예측으로 투자하지 않으려면 '대응'을 해야 한다. 주식이 오르면 오르는대로 떨어지면 떨어지는대로 투자방향을 그때그때 조정해 나가야 한다. 떨어지고 파니 한 발 늦을 수는 있다. 그러나 예측을 바탕으로 완고하게 고집피우지 않으므로 물타기 하면서 지옥행 열차에 올라탈 일이 없다.

그리고 투자방향은 데이터를 기반으로 조정해 나가야 한다. 생각이나 예측, 기대가 아니다. 보이는대로 반응하면 된다. 예를 들어 나스닥 -3%가 뜨면 위험 신호다. 4번의 나스닥 -3%는 공황이다. 이런 데이터를 모아 의미있는 이론을 만들어 낸 것이 매뉴얼이다.

메인 이슈는 그날그날의 원인과 결과일 뿐이다. 하루짜리 뉴스로는 투자하지 않는다. 사후분석에 치중하는 뉴스에 치여 하루 오르고 하루 떨어지기를 반복하면 당신도 샀다 팔았다 하겠는가?

⭐ 결론

투자는 매뉴얼을 따른다. 매뉴얼은 40년 간의 나스닥 데이터를 바탕으로 만들어진 극도의 위험회피 법칙이다. 매뉴얼로 크게 번다는 보장은 없지만, 어떤 위험이 와도 절대적으로 망하는 법은 없다. -3%가 떠서 파는데 어떻게 망하는가? 위험할 때 팔지 않기 때문에 망하는 것이다. 매뉴얼 없이 예측으로만 투자했다면 대부분의 계좌는 속도만 차이가 있을 뿐, 녹아내리는 중일 것이다. 최근 2022년의 주가 하락을 경험하면서 매뉴얼의 중요성을 다시 한 번 깨달았다. 2024년에도 그리고 그 이후에도 계속 깨닫게 될 것이 분명하다.

개미가 주식시장에서 망하는 이유

주식시장에서 들려오는 모든 소문은 결국 소음일 뿐이다.

- 나스닥이 추가로 40% 하락한다.
- 새로운 전쟁이 난다.
- 금리를 올리니 기술주 시대는 갔다.
- 이번 조정은 이제 시작이다.

이 모든 정보는 예측이므로 맞을 수도 틀릴 수도 있다. 투자에 활용하면 수익이 날 수도 손실이 날 수도 있다. 이러한 정보로 시장에서 살아남으려면 천재거나 산전수전 다 겪은 백전노장이어야 한다.

시장은 투자자의 감정을 농락한다. 오를 것 같으면 떨어뜨리고 떨어질 것 같으면 올리면서 희롱한다. 그렇기에 실상은 백전노장도 수없이 까먹고 시간을 바쳐 겨우 그 자리에 오른 것이다. 개인들이 따라했다가는 결국 깡통으로 귀결된다.

대신 매뉴얼을 지키면 마켓리액터(Market Reactor)가 된다. 예측이 아니라 시장이 하는 일에 반응해서 투자한다. 마켓리액터는 마켓타이머보다 한 발 늦다. 당연히 시장보다도 한 발 늦다.

대신 시장의 행위를 따라하기 때문에 시장의 생각과 같이 움직이며, 돈은 조금 덜 벌어도 망할 이유는 없다. 매뉴얼을 따른다면 시장보다 한 발 늦지만 시장의 생각과 같이 가기 때문에 절대 망하지는 않는다. 그러나 마켓타이머는 잘못된 예측으로 망한다.

개미가 주식시장에서 망하는 이유는 다음과 같다.

① **잡주를 산다**

우량 종목이 안전하기는 하지만 수익이 너무 적당해서 싫다. 잡주를 사서 100배를 벌고 싶다. 잡주로 하루 25%씩 수익을 내면 금방 꿈을 이룰 것만 같다. 욕심이 자신을 망친다.

② **손절을 못한다**

팔고 나면 손실 확정이므로 결단을 내리지 못한다. 손절을 못하고 고점에 물려 계좌가 마이너스 상태를 유지하므로 당연히 부자가 될 수 없다.

③ **가볍게 접근한다**

치열하게 공부하고 뛰어들어도 성공할까 말까 하는 게 주식바닥이다. 사업도 취미처럼 하면 당연히 망한다. 취미로 돈을 벌 수 있나. 취미는 내 돈을 쓰는 행위다.

④ **실패를 쉽게 잊는다**

실패를 통해 배우기보다는 실패를 잊으려고만 한다. −3%가 뜨고 위기가 반복되는데 매번 자산의 30%쯤이 날아간 다음에야 정신을 차린다. 그리고 다시는 이런 위기를 겪지 않겠다고 다짐한다. 그러나 주식시장이 다시 오르기 시작하면 −3%쯤은 쉽게 잊어버린다. 오답노트를 작성하지 않는 우등생은 없다. 열등생처럼 공부하면 좋은 대학

못 간다.

⑤ **장기로 투자하지 않는다**

주식투자를 자산을 불리는 행위라 생각하지 않고 도박처럼 여긴다. 기다리지 못하고, 사고 팔지 않으면 좀이 쑤셔서 견딜 수가 없다. 주식장이 열리지 않는 주말이나 공휴일이 제일 싫다. 작은 성공을 누리고 싶어 5%만 올라도 판다. 마라톤에는 관심이 없고 오로지 오늘의 100m 달리기만 주목한다. 당연히 장기 플랜은 없다. 복리나 10배 같은 단어는 안중에도 없고, 오늘 내 주식이 오르고 내리는 데 일희일비한다.

⑥ **본전이 목표다**

전고점 돌파는 오랫동안 물려 있던 종목을 팔아치울 기회로 인식한다. 본전만 와도 하늘에 감사한다. 비관론자들은 전고점 근처에서 대부분 제거된다. 따라서 전고점 돌파 후 행복론자들만 남아있기에 주가는 더 오른다.

⑦ **자기 규율이 없다**

트레이더가 실수를 할 수는 있지만 매뉴얼 위반 실수는 해고의 사유다. 반면 개미는 기본적인 자기 규율 자체가 없다. 다이어트를 하려면 적게 먹고 운동을 많이 해야 한다. 그런데 왜 대부분 다이어트에 실패할까? 엄격한 자기 규율이 없기 때문이다.

28장 ≡ 주식, 예측해서 투자하면 망하는 이유

경제에 대해 가장 잘 아는 경제학자. 당연히 부자가 되어야 하지만, 사실 경제학자 중 부자는 많지 않다.

무인도에 경제학자, 화학공학자, 기계공학자가 표류하였다. 어느날 하늘에서 참치통조림 캔이 떨어졌다. 그런데 캔따개가 없다. 화학공학자는 화학적 부식을 통해서 캔뚜껑을 따고, 기계공학자는 따개를 만들어서 캔뚜껑을 땄다. 그런데 경제학자는 행동이 이상했다. 그는 캔따개가 있다고 가정하고, 캔을 땄다고 가정하고, 캔을 먹었다고 가정했다. 그리고 배부르다고 가정하고 잠을 청했다.

경제학에는 그만큼 많은 가정이 존재한다. 그 가정을 바탕으로 이론을 도출하고 수식과 그림으로 만들어 설명한다. 경제학이 가정에 치중하는 이유는, 가정을 바탕으로 미래를 예측하려 하기 때문이다.

그런데 주식시장은 예측이 가능할까? 불가능하다. 어느날 갑자기

튀어나온 뉴스로 주식은 오르고 떨어진다. 게다가 투자자들의 심리 상태에 따라 위 아래로 크게 널을 뛴다. 전쟁, 전염병, 금리인상, 파산, 인플레이션, 디폴트 등 어느날 갑자기 터지는 악재에 투자자들의 공포와 탐욕으로 급락하기도 하고 급등하기도 한다. 따라서 주식은 예측 자체가 불가능하다.

경제학자와 차티스트가 주식에 실패하는 이유는, 예측이 불가능한 것을 예측해서 사고팔기 때문이다. 뉴턴은 "천체의 움직임은 계산할 수 있어도 사람의 광기는 계산할 수 없다"는 말을 남겼다. 반면 영리한 경제학자 케인즈는 미인대회를 얘기하며 예측이 아닌 대응으로 큰 돈을 벌었다. 주식은 예측이 아니라 대응하는 것이다.

대응은 한발 늦을 수밖에 없다. 떨어지면 팔고 오르면 사니까 한발 늦는 것이 당연하다. 그러나 결과적으로 보면 떨어지고 팔아도 이익이다. 리밸런싱에서 그 이유를 찾을 수 있다.

내가 가진 주식이 전고점 대비 25%쯤 떨어졌다고 가정해 보자. 전고점 대비 2.5% 떨어질 때마다 10%씩 팔면 당시는 매우 손해라고 생각된다. 그러나 막상 25%가 떨어지고 나면 2.5% 떨어질 때마다 10%씩 판 것이 결과적으로 잘한 행동으로 바뀐다. 25% 떨어졌을 때 그 때는 이미 내 손에 주식은 없고 현금만 남기 때문이다. 그래서 한발 늦거나 손해보는 느낌이 들더라도 떨어지면 파는 것이 낫다.

이렇게 명확한 가정이 있는데도 사람들이 주식을 팔지 못하는 이유는 '팔고 나서 오르면 어쩌나' 하는 걱정 때문이다. 아것이 바로 탐욕이다.

그러나 그런 상황이 와도 큰 손해는 아니다. 2.5% 떨어져서 10%를 팔았는데 즉시 5% 즉 2구간이 올라 다시 산다고 가정하자. 그래도 총손해는 전체 수익률의 0.514%(10%의 5% 손해이니 0.5%, 사고 팔고 수수료 0.07% X 2= 0.14%)밖에 되지 않는다.

올라갈 때 못 사는 이유도 비슷하다. '2구간이 올라서 샀는데 또 떨어지면 어떻게 하나' 하는 걱정 때문이다. 이것이 공포다.

예측해서 하는 투자가 실패하는 근본 이유는, 시장을 예측 가능하다고 믿는 자만심에서 비롯된다. 그리고 떨어지면 버티다 저점에서 팔고 오르면 어어하다 고점에서 사는 공포와 탐욕에 휘둘리기 때문이다. 따라서 달라지지 않는다면 앞으로도 싸게 팔고 비싸게 사는 투자패턴이 계속될 수밖에 없다.

⭐ 결론

매뉴얼대로 대응해서 사고파는 것이 살아남는 길이다. 예측하려 하지 말고 대응하는 길을 모색하라.

결론부터 얘기하자면 부정적일 때 오래 버틸 수 있다.

긍정이란 믿음이다. 대개 자신의 판단을 믿는 것이다. '이번에 연준이 금리를 올리니 금융주가 좋을꺼야.' 그러나 주식은 그렇게 오르지 않는다. 미국의 금융주를 샀는데 오히려 인플레이션으로 신흥국 주식시장이 안 좋다. 그래서 신흥국에 대거 투자해 놨는데 미국 연준이 금리를 올리면서 일부 신흥국이 디폴트로 갈 수 있다. 이러면 손실위험이 커지면서 대손충당금을 쌓아 놔야 한다.

금융주는 분기별 이익이 떨어지면 어닝쇼크가 발생한다. 이익에 민감하다는 얘기다. 그래서 결국 금융주가 떨어질 수 있고, 내 판단도 빗나갈 수 있다.

그런데 대부분의 개미 투자자들은 막상 주가가 떨어지면 어떤 판단을 하는가? 떨어져도 팔지 않는다. 무작정 장기투자를 하거나 물타기를 하면서 평단가를 낮춰나간다. 자신의 판단을 무시한 주식시장에 복수라도 하듯 말이다.

그러나 이는 대부분 잘못된 판단이다. 주식시장은 때로 공황과 같은 상황에서는 비이성적일 수 있지만, 대부분은 이성적이다. 단지 개미인 내가 주식시장의 깊은 뜻을 모를 뿐이다. 그리고 내 판단이 틀렸음을 인정하지 않고 고집만 피울 뿐이다.

결국 맹목적으로 긍정적인 개미는 손실만 커진다. 자세히 살펴보면 계좌에는 -50%, -60%인 종목들이 30개쯤 쌓여 있다. 5%만 올라도 익절을 해버려서 플러스인 종목은 없고, 마이너스만 남는다.

이러한 일이 반복되지 않으려면 주식시장을 긍정이 아닌 부정적으로 봐야 한다. 주식시장이 올라간다는 긍정적인 믿음은 갖고 있되 맹목적으로 믿지는 말아야 한다.

대처 방식은, 떨어지면 손절이다. 내 믿음이 틀렸음을 인정하는 행위다. 그렇다고 부자가 되지는 못한다. 부자가 되려면 확실한 것만 믿되 떨어지면 리밸런싱을 해야 한다. 지수, 세계 1등에 투자하고 오른다는 믿음을 갖되 언제든 상황이 바뀔 수 있음을 인지해야 한다.

지수, 세계 1등이 아무리 좋다고 해도 떨어지면 리밸런싱을 통해 주식 수를 줄일 수도 있어야 한다. 지수, 세계 1등도 공황을 만나면 50%씩 거꾸러지고 세계 1등이 2등으로 바뀌기도 한다. 1등이 떨어져 50% 마이너스인 상태에서 1등이 2등으로 바뀌면 닭 쫓던 개 신세가 된다. 이런 주식에 장기투자하면 1/10 토막난다.

그래서 부정적이면 다음과 같은 것들이 좋다.

- **잡주는 마이너스가 없어 마음이 편하다**

  −5% 등 손절라인을 정해놓고 기계적인 매도를 하면 이미 큰 마이너스는 없다. 그러나 손절라인이 없으면 몽땅 마이너스라 항상 스트레스가 쌓이며, 자책이 늘고, 주식투자 포기로 이어진다.

- **항상 현금이 존재한다**

  리밸런싱, −3%, 말뚝박기 등을 하면 항상 계좌에 현금이 있다. 현금이 있다면 언제든 평단가를 낮출 수 있고, 평소 사고 싶었던 주식을 살 수 있으니 마음이 편하다.

- **오래 투자가 가능하다**

  마이너스가 없어 스트레스가 쌓이지 않는다. 위험이 왔을 때는 매뉴얼에 의한 기계적인 매도로 일단 팔았다. 현금보다 더 많은 주식 포지션이 있는데도 오히려 떨어지기를 바란다. 예를 들어 주식 70%, 현금 30%가 있음에도 나스닥이 올라가면 기분이 나쁘다. 그러니 마음 편히 평생 투자할 수 있다.

⭐ 결론

지수와 세계 1등 외의 주식은 무조건 우상향하지 않는다. 그래서 잡주는 항상 부정적으로 봐야 한다. 떨어지면 사고 오르면 팔아야 하고, 떨어질 때도 분할매수해야 한다.

지수와 세계 1등 주식조차도 우상향을 믿되 맹목적으로 믿지 않는다. 떨어지면 리밸런싱을 해야 하고 -3%가 뜨면 비율대로 팔고 말뚝박기에 들어가야 한다. 그것이 내 재산을 지키며 안정적으로 늘리는 길이다.

우리는 왜 돈에 집착할까?

우리가 돈에 집하는 이유는 돈이 자유와 해방을 주기 때문일까? 그것은 겉으로 드러나는 이유일 뿐이다. 보다 근본적인 이유는 돈, 권력, 명예, 아름다움 등을 추구하는 것은 그 자체로 희소하기 때문이다. 누구든 희소한 것을 가지면 타자의 욕망을 욕망할 수 있다. "모든 인간은 타자의 욕망을 욕망한다." 프랑스의 정신의학자 자크 라캉이 남긴 말이다.

'타자의 욕망을 욕망한다'는 말의 이해를 위해 사랑을 예로 들어보자. 누군가와 사랑한다는 말은 그 대상인 남도 나를 사랑한다는 말이다. 일방적이면 짝사랑에 머문다.

그런데 사랑은 자유다. 강제가 아니다. 즉 사랑은 언제나 사랑하는 사람을 떠날 수 있다는 말이기도 하다. 강제로 사랑한다는 것은 그 사람이 자유의지로 나를 사랑하지 않는다는 뜻이기 때문에 진정한 사랑이 아니다. 예를 들어 돈을 주고 어린 신부를 데려오는 행위 같은 것 말이다.

그렇기 때문에 사랑은 반드시 자유가 전제되어야 한다. 사랑은 언제든 떠날 수 있기 때문에 사랑하는 사람이 떠날까 노심초사한다.

모든 인간은 타자의 욕망을 욕망한다는 말을 사랑으로 풀어보자면 이렇다. 사랑하는 연인이 나를 사랑하는 것이 첫 번째 욕망이다. 그리고 그것을 내가 바라는 것이 두 번째 욕망이다. 그러니 나는 사랑하는 연인이 나를 사랑해 주기를 바란다가 된다.

이러한 논리를 인간이 가진 모든 욕망으로 넓혀보자. 돈, 명예, 권력, 아름다움 등은 희소한 자원이다. 따라서 내가 가지고 있으면 남들이 부러워할 것이다. 그러니 남이 내가 가진 것을 욕망한다고 볼 수 있다. 내가 돈에 집착하는 이유는 무엇인가? 내가 돈을 가지고 있으면 남들이 부러워하기 때문에 나는 돈을 가지려 집착한다. 내가 명예를 가지고 있으면 명예를 가진 나를 남들이 부러워하기 때문에 나는 명예에 집착하는 것이다. 권력, 아름다움, 학벌 등 희소한 모든 분야에 해당한다.

그렇다면 왜 인간은 타자 즉 남의 욕망을 욕망할까? 인간은 사회적 동물로 사회를 떠나서 살 수 없다. 망아지, 송아지 등 동물은 태어나자마자 뛴다. 야생에서는 새끼를 낳으면 피냄새가 나고 그걸 맡은 사자나 호랑이 등의 맹수들이 달려든다. 그렇기 때문에 동물은 낳자

마자 뛰도록 진화했다.

그러나 인간의 아기는 10살은 되어야 사회 생활을 시작할까 말까 다. 집단을 떠나서는 홀로 생존할 수 없다. 외톨이란 곧 생존에 심각한 위협을 받는 상태다. 이러한 이유로, 인간은 항상 남에게 인정을 받아야 살 수 있다는 생존 유전자가 깊이 박혀 있다. 따라서 우리는 남의 인정에 집착한다.

커져버린 돈에 대한 집착

산업사회로 오면서 돈에 대한 인간의 집착은 더욱 커진다. 거대한 산업사회는 잉여가치의 관점에서 우리를 여러 개의 자아로 찢어 놓았기 때문이다. 산업사회 이전에는 수작업으로 생산하다 보니 생산물 자체가 적었다. 그래서 종교는 우리에게 금욕을 강조했다. 그래야 지배층이 더 많이 소비할 수 있기 때문이다. 그러나 산업사회로 오면서 대량생산 체제가 정착되고, 물건이 남아돌게 되었다. 소비하지 않으면 공황이 일어난다.

소비욕구가 사라지면 대량생산한 생산물이 실업을 만들고 실업은 결국 기업을 무너뜨리면서 자본주의 자체를 위협한다. 따라서 산업사회 이후에는 소비가 미덕이다. 이처럼 성경말씀의 금욕과 경제학 교과서의 소비 사이에 괴리가 발생했다.

산업사회는 소비가 왕성한 다중의 인간을 만들었다. 엄마로서의 소비, 직장여성으로서의 소비, 동창회의 과시소비 등, 한 인간이 여러가지 서로 다른 얼굴로 소비를 한다. 그래야 대량생산으로 만들어낸 거대한 생산물을 모두 소모할 수 있다.

산업사회 이후 플라톤, 아리스토텔레스의 금욕을 강조하는 절대주의가 가고 자크 라캉, 데리다, 들뢰즈 같은 소비를 강조하는 상대주의가 득세했다. 소위 포스트모더니즘이다. 포스트모더니즘의 모토는 해체다. 소비 주체를 엄마, 직장여성, 동창회 등으로 쪼갠 것이다.

상대주의란 서로 간의 비교다. 행복은 너 혼자 행복하다고 행복이 아니다. 남들이 행복하겠구나 하고 인정해줘야 비로소 행복한 것이다. 서로 비교하면 인간의 욕망은 더 커진다. 1억이 있으면 10억을 바라고 10억이 있으면 100억을 바란다.

이렇게 비교가 쉬워진 원동력은 인터넷이다. 인터넷으로 우리는 서로 연결되어 있다. SNS야말로 비교의 장이다. 일론 머스크도 이곳에 자랑을 한다.

⭐ 결론

타자의 욕망을 욕망할수록 목이 더 마를 뿐이다. 갈증을 해소할 시원한 물은 어디에 있는가?

인플레이션이 오면 좋은 주식은 대표적으로 한국의 보험회사다. 종신보험을 많이 팔았던 보험회사라면 더더욱 좋다.

1997년 IMF를 맞고 잘나가던 한국경제가 부러졌다. 은행은 무너졌고 대출 받기가 힘들어졌다. 그러다 보니 2000년대 초반 대출금리가 10%대까지 치솟았다. 이때 종신보험을 팔았으면 어떻게 되었을까? 10%보다는 높았다고 볼 수 있다. 그러니 고금리로 30년 후 약정된 보험료를 지불해야 했다.

그런데 2001년 중국이 WTO에 들어오면서 금리가 낮아지기 시작했다. 중국이 낮은 인건비로 세계의 공장 역할을 하며 디플레이션을 주도했기 때문이다. 금리는 계속 낮아졌고, 얼마 전까지만 해도 1%대 정기예금 금리가 판을 쳤다.

이러면서 보험회사에 비상이 걸렸다. 이유는 지금 종신보험에 든다면 2~3%대의 낮은 금리가 적용된다. 그러니 3%대의 이자를 받아 10%대의 연금을 줘야 하는 일이 생긴 것이다. 그러면 보험회사는 7%의 역마진으로 손실이 날 수밖에 없다. 2000년대 팔았던 종신보험은 30년 후쯤 되면 돌려주기 시작해야 한다. 시간이 얼마 남지 않았다.

그런데 보험회사가 2000년대 종신보험을 팔면서 고금리 국채 등으로 헤지를 다 하지 못했을 것이다. 그만큼의 대한민국 국채가 시장에 쏟아져 나오기 때문이다. 따라서 2000년대 고금리 상품 때문에 웬만한 보험회사들은 망한다는 예상이 많았다. 게다가 바뀐 회계기준인 바젤3는 미래의 손실을 현재의 장부에 표기하라는 것 때문에 더 주가가 빠졌다. 즉 30년 후에 줄 종신보험과 같은 상품 손실을 미리 계산해서 장부에 기록하라는 얘기다. 그래서 보험회사는 2010년 이후 주가가 바닥으로 내리 꽂고 있었다.

그런데 인플레이션 이슈가 터진 것이다. 그것도 30년 만에 최고치로 말이다. 이러면 보험회사는 신난다. 게다가 한국이 빚이 많아져 신용등급이 떨어지기 시작하면 국채 수익률은 더 많이 올라간다. 위기로 미국으로 돈이 빨려 들어가기 시작하면 한국 국채는 더 올라갈 수도 있다. 따라서 보험회사는 한국의 30년, 50년 물 국채로 고금리 종신보험의 위기를 헤지할 수 있다.

구조적으로도 인플레이션이 올 수 있다. 임금이 올라가고 있고 중국과 러시아는 달러블록에서 빠져 나올 수 있다. 이러면 상품의 가격이 올라가면서 인플레이션이 상시가 될 수 있다.

🌟 결론

인플레이션이 지속되면 장기적으로 보험회사 주가는 오를 수 있다.

얼마 전 유튜브에서 들은 내용이다. 전교 1등을 한 친구가 서울대에 합격했다. 비결을 물었다. 고등학교 국어시간에 고전과목이 있는데, 어렵고 가르치는 선생님이 실력도 좋지 않아서 따분해 하는 아이들이 많았다. 대신 아이들은 문학은 열심히 공부했다. 선생님도 잘 가르치고 내용도 재미있었기 때문이다. 하지만 내신성적이 잘 나오려면 전과목을 잘해야 한다. 오히려 어렵고 아이들이 기피하는 과목을 집중 공부해서 만점을 받아야 내신성적 1.0을 만들 수 있다. 이 친구가 서울대에 간 비결은 아이들이 싫어하는 과목을 더 집중적으로 공부했기 때문이다.

주식으로 부자가 되려면 남들이 좋아하는 상승보다는 재미도 없고 까다롭기만 한 하락에 신경을 써야 한다. 예를 들어 주가가 50% 떨어지고 50% 오르면 내 자산은 어떻게 되는가? 75%로 줄어든다.

50%가 떨어지면 100%가 올라야 본전이다. 즉 떨어질 때 손실이 크니 민감하게 움직여야 한다는 결론이다.

그러나 대부분의 개미들은 반대다. 오를 때 5% 먹고 빠지고 떨어질 때 존버한다. 손실이 가중되어서는 당연히 부자가 될 수 없다.

떨어질 때야말로 대책을 잘 세워야 한다. 손실을 잘 관리하면 더 큰 기회를 얻을 수 있다. 손실관리는 현금 확보다. 그래야 세일하는 주식을 싸게 살 수 있다. 존버는 현금을 확보할 수도 없고, 세일 기간에 주식을 싸게 살 수도 없다. 게다가 −50%까지 존버하다가 결국 공포에 질려 손절을 하면 돌아올 수 없는 강을 건너고 만다.

세일 기간이야말로 주식으로 쉽게 돈을 버는 구간이다. 50% 떨어진 상태에서 75%까지 50% 오르는 것은 상대적으로 쉽기 때문이다.

세계 1등은 떨어져도 다시 오르니 걱정 없이 존버로 일관한다는 사람들이 있다. 몇천 단위 혹은 몇백 단위의 여유자금이라면 가능한 얘기다. 이런 사람들은 주가가 떨어지면 주식창도 안 열어볼 것이다. 금액도 크지 않고 급한 돈도 아니니 말이다. 그러다 오른다는 소식이 있으면 그제야 주가를 확인하며 "역시 존버가 최고!"라고 할 것이다.

그러나 몇십 억, 몇백 억이 넘어가면 차원이 달라진다. 리스크 분산차원에서 헤지는 필수다. 레이 달리오처럼 4계절 포트폴리오로 분산을 한다거나 연금펀드처럼 주식 6, 채권 4로 맞춰놓고 리밸런싱을 하거나 말이다. 큰 금액을 움직이면서 존버하는 정신나간 투자자는 어디에도 없다.

예를 들어 세계 1등에 투자해 놓고 아무 것도 안 하고 있다가 50%가 떨어졌다. 투자금이 50억 원이라면 반토막이 났을 테니 25억 원이 되었다. 밤에 잠이 올까? 워런 버핏은 안 팔고 잘도 버티지만 자신이 팔면 시장이 망가지므로 어쩔 수 없이 못 파는 것이다.

그 중에서도 최악은 세계 1등이 50%가 빠져 25억이 되었는데 2등이 1등을 추월할 경우다. 그래도 안 팔고 언젠가는 다시 올라온다는 믿음으로 그냥 있는 게 맞을까? 2000년 세계 1등은 GE였다. 마이크로소프트에게 1등을 내주고 내리 떨어져 지금은 다우존스 지수에서 퇴출되고 22년째 떨어지는 중이다.

그래도 세계 1등에 투자했으면 좀 낫다. 시티은행, AIG 등 미국 은행주는 2008년 금융위기 당시 90% 이상 떨어진 후 아직도 회복을 다 못했고, 이 시기 대부분의 잡주들은 상장폐지 당했다. 주식시장은 어떤 일이 벌어질지 모르는 곳이다. 어떤 놈도 믿을 수 없다. 이렇게 계좌가 망가진 상황에서 과감히 팔고 다시 새로운 1등 주식으로 갈아탈 수 있을까? 대부분 3~4%만 비싸도 절대 못 사는데 2배 이상 비싸게 살 수 있을까?

⭐ 결론

주식은 올라갈 때는 방치해도 되지만, 떨어질 때는 민감하게 반응해야 한다. 그래야 현금을 마련할 수 있어 위기에 기회가 찾아오고 결국 부자의 길도 열린다.

32장 | 한국과 같은 씨크리컬(경기순환) 주식이 많을 경우 사고 파는 시점은?

OO경기라는 말을 넣어서 말이 되면 경기순환주다. 반도체 경기, 건설 경기, 조선 경기 등으로, 이런 종목은 반드시 사이클을 탄다. 등락이 있다는 의미이며 삼성전자, GS건설, 현대중공업, LG화학 등이 대표주들이다. 경기순환주는 잘못 사면 최소 2년 길게는 5년 동안 전고점을 회복하지 못할 수 있다. 따라서 언제 들어가느냐가 관건이다. 잘못하여 고점에 들어가면 손실도 크고, 5년을 버텨야 겨우 본전에 빠져나올 수 있다.

삼성전자는 최소 2년~3년 정도의 사이클을 타는데 2021년 1월에 9만 전자를 찍었으니 최소한 2023년 1월까지는 기다려야 했다. 기다리는 입장에서는 결코 짧지 않은 시간이고, 기나긴 하락장을 경험하다가 전고점을 돌파해도 본전인 9만 원에 팔고 나올 가능성이 있다는 얘기다. 아니면 2~3년 간 하락하는 와중에 6만 원 혹은 5만

원까지 떨어졌을 때 모두 팔고 손해를 볼 가능성도 있다. 2024년 3월 현재 삼성전자는 7만 원대를 오르락내리락 하고 있으므로 9만 원대 회복은 멀기만 하다.

그래서 글로벌 플레이어들은 매일 오르는 내수주를 장기로 투자하고 경기순환주는 단타로 접근한다. 우리나라는 대표주식이 대부분 경기순환주이다. 그래서 우리나라 주식만 투자하는 사람들은 단타와 장기투자에 대한 착시가 생긴다.

한국의 대표 내수주는 네이버, 카카오 등이다. 이들 기업은 해외로 진출해야 성장이 지속되는데 해외시장 개척이 쉽지 않으니 시장 점유율이 어느 정도 확보되면 주가가 떨어지기 시작한다. 그래서 장기투자에 적합하지 않다.

우리나라의 대장주인 삼성전자, LG화학 등은 경기순환주들로 사실은 단타에 맞는 주식들이다. 그러나 대장주라는 이름으로 장기투자에 적용하니 맞지 않는다. 결국 우리나라에 장기투자에 적합한 주식은 없다는 말이다.

경기순환주를 사고 파는 타이밍은?

우리나라 대표주들이 포진하고 있는 경기순환주는 언제 사고 언제 팔아야 할까?

생산설비 감축, 소비 증가의 시기에는 매수한다

경기순환주를 사기에 적합한 시기는, 기업들이 생산설비를 감축하고 있는데, 수요는 오히려 늘어날 때이다. 설비투자 감축으로 기업의 비용은 줄고, 반면 영업이익률은 늘어난다.

수요가 늘어 설비를 확장할 때 매도한다

경기순환주를 팔기에 적합한 시기는, 수요가 늘어 설비를 확장할 때다. 수요가 늘어나는 초기에는 재고나 기존 설비를 100% 돌리면서 늘어나는 수요에 대응한다. 그러다가 늘어나는 수요를 감당하지 못해 결국 생산공장을 추가로 지어야 하는 타이밍이 온다. 이때가 팔 때다.

설비를 확장하면 2~3년 뒤에는 기업의 이익 감소로 돌아온다. 주식시장은 이를 선반영하므로 주가가 정점을 찍고 떨어진다.

삼성전자 반도체 증설 '속도전'…30조 투자 평택 3공장 내달 착공
삼성전자가 경기 평택을 세계 최대 반도체 생산기지로 육성한다. 이르면 다음

달 반도체 3공장 착공에 들어가고 4~6공장도 순차적으로 건설할 계획이다. 반도체 '초격차' 유지를 위해 선제적인 투자에 나선 것이다.

_ 2020년 8월 10일자 한국경제

2020년 8월에 나온 기사다. 삼성전자는 2021년 1월 고점인 9만 전자를 찍고 내리 떨어지기 시작한다. 2021년, 2022년에도 계속 공장을 더 지었기 때문이다.

그렇다면 삼성전자를 사야 하는 시점은 언제인가? 바로 경기가 침체에 빠져들어 공장 짓기를 포기하고, 반면 반도체 수요가 늘어 영업이익이 높아질 때다.

화학기업도 마찬가지다. 배터리 기업인 LG화학(현재 LG에너지솔루션으로 분사)은 2020년에 글로벌 플레이어들과 함께 배터리 공장 증설을 시작한다. 한중일 3국이 유럽에 배터리 공장을 지으면서 증설에 나섰다. 이후 LG화학은 2021년 2월 100만 원 고점을 찍고 떨어졌고 2024년 1월 50% 이상 떨어진 38만 원대 저점을 기록했다.

⭐ 결론

경기순환주의 공장 증설은 호재가 아니고 악재다. 그러므로 주식을 팔아야 한다. 공장 증설이 멈추고 수요가 늘어날 때는 살 때다. 그런데 개인투자자가 이 시점을 맞출 수 있을까? 쉽지 않다. 따라서 매일 오르는 내수주인 미국의 빅테크를 사는 것이 좋다.

33장 한국시장 참여자들의 목표가 원금회복인 이유

미국은 주식시장에서 기업이 줄어들고 한국은 늘어난다. 한국이나 중국과 같은 신흥국에서 흔히 나타나는 현상이다. 중국 상하이 종합 주가지수는 2000년 1월부터 2019년 7월까지 80% 상승했다. 그 사이 시가총액은 1,200% 증가했다. 기업 수가 12배 증가했다는 의미다. 수익률은 1년에 3%다.

한국 코스피는 주가지수가 같은 기간 동안 1.1배 상승했는데 시가총액은 2.2배 상승했다. 주가는 거의 오르지 못했는데, 기업이 2배 더 증가했다는 뜻이다. 한국 코스피는 2010년 이후 주가지수가 15% 상승했지만 시가총액은 44% 증가했다.

이 사실을 놓고 볼 때 코스피는 지수에 투자했어도 큰 재미를 보지 못했다는 결론이 나온다. 2020~2022년 사이 얼마나 많은 기업이 코스피와 코스닥에 IPO(기업공개)를 했는가? 2022년 LG엔솔이

물적분할로 100조짜리 회사가 상장하면서 한국 주식시장은 그야말로 망가졌다. 카카오는 얼마나 많은 자회사가 상장했는가?

물 들어올 때 노 젓는다고 투자심리가 좋을 때 대형기업이 IPO를 하면 자연스러운 물타기가 되어버린다. 자본은 한정적인데 기업들이 계속 들어오니 시장이 버티지 못한다. 미국과 달리 신흥국 지수에 투자하면 망하는 이유도 여기에 있다.

신흥국에서 기업의 IPO가 많은 이유는, 미국은 스타트업을 FAANG과 같은 대기업이 인수합병을 통해 기업을 줄이는 데 반해 신흥국은 대기업의 인수합병이 없어 상장을 하기 때문이다. 상장을 해야 그동안 들어갔던 돈을 회수할 수 있다. 반면 미국은 상장하지 않아도 괜찮은 스타트업은 대기업이 인수합병을 통해 얼마든지 EXIT가 가능하다. 그래서 상장에 목숨걸지 않는다.

같은 기간 미국의 S&P 500 주가지수는 1.1배 상승했다. 그런데 시가총액도 1.1배 상승했다. 1.1배 모두 주식투자자에게 수익으로 돌아갔다. 2010년부터는 1.6배 상승했지만 시가총액은 1.4배 상승하는 데 그쳤다. 미국은 물타기를 하지 않는다. 따라서 S&P500, 나스닥100, 다우존스 등과 같은 지수에 투자해도 된다.

미국이 주주 친화적인 이유는 바이백 때문이다. 자사주를 매입 소각하고 배당을 늘리니 주주에게 이익이 된다.

반면 한국에서는 아주 조그만 기업까지 상장을 시도한다. 주식자금은 한정이 있는데 상장기업이 늘어나니 조그만 기업은 주식 거래량이 줄어든다. 큰 기업은 관계 없으나 코스닥에 입주한 작은 기업은 거래량이 적어 가격조작이 쉬워진다. 적은 돈으로도 시세조종이 가능하다는 말이다.

공매도 마찬가지다. 외국인 입장에서 아주 적은 돈으로도 공매도를 통해 손쉽게 주가 반토막을 만들 수 있다.

★ 결론

한국시장은 물타기와 공매도로 부자는커녕 본전도 찾기 힘들다. 수많은 개인투자자들의 목표가 원금회복인 데는 다 이유가 있다. 반면 미국시장의 우량주에 장기투자하면 부자될 확률이 대폭 높아진다.

평단가는 페이크(Fake)다. 평단가가 낮다고 부자가 되는 건 아니다. 평단가를 낮추는 확실한 방법은 이렇다. 우선 100개의 종목을 사서, 한 달에 한 번씩 20% 이상 떨어진 종목을 판다. 오르는 종목은 물타기하지 않는다. 수익률 마이너스 종목은 모두 빠지고 플러스만 남는다. 이렇게 10년 반복하면 계좌에는 플러스 주식만 남고, 100배 오른 종목도 나올 수 있다. 사기꾼들이 계좌 인증에 쓰는 방법이다. 계좌는 플러스로 가득하지만 연말에 정산하면 마이너스일 수도 있다.

부자가 되려면 한 종목에 전재산을 올인해서 매년 25%의 수익을 거둬야 한다. 매년 25%가 작아보이는가? 계산해 보라. 10년이면 총자산의 10배, 20년이면 100배가 된다. 복리에 복리효과가 더해지기 때문이다.

평단가에 집착해서는 성공은 멀어진다. 작은 돈이 100배 올라봐야 얼마나 소용되겠는가. 비밀은 평단가가 아닌 주식 수 증가에 있다. 주식 수를 늘리려면 고점에 팔고 저점에 사면 된다. 하지만 실전 투자에서 고점 매도는 생각만큼 쉽지 않다. 지나봐야 아는 것이 고점이다.

그러나 우리는 리밸런싱과 -3%라는 강력한 무기를 장착했다. 이 두 가지의 핵심은 떨어졌을 때 기계적으로 파는 것이다. 매뉴얼을 알아도 우물쭈물 하다가 고점에 팔 기회를 놓치면 후회만 남는다. 그리고 다음 번에는 지키겠다고 재차 다짐하지만 막상 그때가 되면 또 지키지 못한다.

이런 실수가 반복되는 이유는 -3%가 처음 떴을 때는 주식이 활황기이기 때문이다. 올랐던 기억이 강하니 '괜히 팔았다가 더 오르면 어떻게 하나' 걱정스럽다. 그러나 이런 마음은 탐욕이다. 탐욕은 눈을 멀게 한다. 평소에 채권을 사놓는다거나 롱(주식이 오를 것에 베팅)을 가지고 가면서 선물에 숏을 치는 등 헤지 대책도 없다.

아무 대책 없이 버티다가 결국 고점에 물리고 바겐세일 할 때 정작 현금이 없어서 주식을 늘릴 기회를 잡지 못한다. 공황이 왔을 때 레버리지라도 쓴 상태라면 강제청산만 안 당해도 다행이다.

주식 수를 늘리는 가장 좋은 방법

주식 수를 늘리는 가장 좋은 방법은 말뚝박기와 V자 반등 리밸런싱이다.

말뚝박기란 떨어졌을 때 강제로 일정 비율을 사는 것이다. 이때는 리밸런싱과 반대의 생각이 든다. 주식이 모두 떨어지고 있으니 더 떨어질 것이란 공포에 휩싸이고 주저할 수밖에 없다. 그래서 공포를 이기기 위해 매뉴얼화한 말뚝박기로 2.5% 떨어지거나 5% 떨어질 때마다 기계적으로 사는 것이다.

그러나 말뚝박기만으로는 부족하다. 예를 들어 100달러에 판 후 80달러까지 떨어졌고, 말뚝박기로 50%를 샀는데 -3%가 끝나는 시점은 2주일 후다. 우물쭈물하는 사이 주식이 90달러까지 회복됐다. 지금이라도 사면 평균가는 85달러다. 그럼에도 불구하고 2주 후에 산다. 결국 120달러까지 올라가 버리면 평균가는 100달러로 올라가고 수수료 빼면 손해다.

그래서 v자 반등 리밸런싱이 필요하다. 2구간인 90달러까지 올라가면 올인한다. 올인하면서도 '만약 다시 떨어지면 어떻게 하나'라는 불안감이 든다. 그래서 3구간 떨어지면 다시 판다. 이때는 수수료만 든다. 물론 3구간 떨어졌다 바로 반등하면 손해다.

어차피 완벽한 투자법은 없다. 확률에 베팅할 뿐이다. 4번의 경제

위기에서 3번은 손실이 없었고 2020년 코로나 위기에는 한 번 있었지만, 어쨌든 V자 반등 리밸런싱 매뉴얼을 따랐다면 24%쯤 이익이었다.

추가로 자금을 투여하지 않는 한, 주식 수를 늘리는 방법은 이것뿐이다. -3%가 뜨고 올라갈 수 있다는 생각이 들더라도 탐욕을 억누르고 팔아야 한다. 그래야 기회가 온다. 떨어질 때는 차근차근 말뚝박기를 통해 혹시 모를 V자 반등에 대비한다. 그리고 바닥에서 2구간 올라오는 V자 반등이 발생하면 그동안 모아 두었던 현금을 올인한다. 그래야 주식 수를 늘릴 수 있다.

그러나 이 방법은 세계 1등처럼 무조건 우상향할 주식에만 써야 한다. 아무 주식에나 적용했다가는 물타기밖에 안 된다. 내가 선택한 종목이 10년 간 내리 80% 떨어진다면 재앙이 되고 만다. '반등한다'는 전제 자체가 성립되지 않기 때문이다.

탐욕과 공포는 투자자의 가장 큰 적이다. 실전에서 이러한 감정은 이기기도 극복하기도 쉽지 않다. 그래서 매뉴얼을 강제로 따르겠다는 굳은 결심이 필요하다. 그렇지 않고는 실전에서 다시 불타오르는 탐욕과 공포를 이길 수 없다. 머리와 마음이 시키는 반대로 행동해야 주식 수가 늘어나고 부자도 될 수 있다.

부자는 탐욕을 억누를 줄 알며 절제력이 강하고 공포심을 이겨낼 줄 아는 용기 있는 자이다. 이 어려운 것을 해내야 부자가 되기에 부자가 소수인 것이다. 매뉴얼은 평범한 우리를 절제력과 용기 있는 자로 만들어준다.

⭐ 결론

주식 수를 늘리는 가장 확실한 방법은 매뉴얼을 따르는 것이다.

지수가 10% 떨어지면 조정장, 20% 이상 떨어지면 약세장이다. 베어마켓(약세장)은 위험하다. 약세장이 되면 비관론자들로 가득차기 때문이다. 비관론자들은 떨어질 것을 두려워하면서 본전만 찾으면 떠날 사람들이다. 과도한 낙관론자들은 이미 20% 떨어질 때 과도한 레버리지를 쓰다 강제청산을 당해 사라지고 없다.

시장에 비관론자들이 가득하니 전고점이 오기만을 눈 빠지게 기다리는 투자자들이 한 트럭이고, 역시나 전고점을 돌파하면 기다렸다는듯이 주식을 팔고 손을 탁탁 털어버린다. 따라서 전고점을 뚫기가 좀처럼 쉽지 않다. 한국시장이 박스피라는 오명을 쓴 이유가 여기에 있다.

그러나 미국시장은 다르다. 약세장이 와도 박스권에 머물지 않고 바로 V자로 반등하면서 약세장을 돌파한다. 2008년 이후 2020년 코로나까지 한국증시가 2000선에 갇혔던 기간을 보면 알 수 있다. 당시 미국은 2008년 금융위기, 2011년 미국 신용등급 위기, 2018년 10월 이자율 위기 등 크고 작은 위기를 겪으면서도 V자 반등으로 주가가 솟아 올랐다.

그런 면에서 3000선을 넘었던 한국시장이 4000선을 가지 못하고 10년을 박스피로 흐른다면 또 다시 비관론자들로 가득찰 것이다. 전고점인 3300을 넘어서면 본전을 찾으려는 비관론자들이 주식을 던지면서 아래로 떨어지는 힘이 강해질 것이기 때문이다.

한국의 주식시장은 실험실의 개와 같다. 1975년 셀리그먼은 24마리의 개를 두 집단으로 나누어 상자에 넣고 전기충격을 주었다.

① 제1집단의 개에게는 코로 조작기를 누르면 전기충격을 스스로 멈출 수 있는 환경을 제공(도피 집단).
② 제2집단의 개에게는 코로 조작기를 눌러도 전기충격을 피할 수 없고, 몸을 묶어두어 어떠한 대처도 불가능한 환경을 제공(통제 불가능 집단).

이렇게 24시간이 지났다. 그리고 전기자극을 주되 담을 넘으면 전기자극을 피할 수 있도록 했다. 이후 개들은 어떻게 변했을까?

1집단은 전기자극을 주자 바로 담을 넘어 도망갔다. 그러나 2집단은 전기자극을 줘도 피하지 않고 웅크리고 앉아 전기자극을 받아들였다. 어떤 일을 해도 상황이 변하지 않는다는 사실이 학습되었기 때문이다.

비슷한 예는 서커스단의 어린 코끼리에서도 찾을 수 있다. 어린 코끼리의 다리를 튼튼한 말뚝에 쇠사슬로 묶어 놓는다. 이렇게 어린 시절을 보낸 코끼리는 어른 코끼리가 되어 작은 말뚝에 다리만 묶여 있어도 벗어날 수 없다고 생각하여 얌전해진다.

그에 반해 미국 주식시장은 시클리드 물고기와 같다. 《승자의 뇌》라는 책에 보면 동아프리카 탕가니카 호수에 사는 시클리드 물고기 얘기가 나온다.

수컷은 두 종류인 T시클리드와 NT시클리드로 나뉜다. T시클리드는 파란색, 노란색으로 밝고 화려한 색상이고 눈에 잘 띈다. NT시클리드는 우중충한 회색이며 암컷과 차이가 없다. T시클리드는 화려한 외모 덕분에 암컷에게 인기가 많고 햇볕이 잘 드는 호수 윗쪽에 산다. 반면 NT시클리드는 우중충한 외모 때문에 빛이 들어오지 않는 호수 바닥에 산다. 그런데 신기하게도 NT시클리드가 T시클리드로 변하는 순간이 찾아온다. 호수 밑바닥에 살던 우중충한 회색이 화려한 노란색의 수컷으로 변신하는 것이다.

어떻게 이런 일이 가능할까? 인기가 있는 T시클리드는 호수 위에 살고 색깔이 화려해 눈에 잘 띈다. 그러다 보니 호수 위 새들의 좋은 먹잇감이 된다. 이렇게 무주공산이 된 호수에 NT시클리드가 화려한 변신을 통해 T시클리드가 되는 것이다. 그리고 암컷을 차지한다.

《아웃라이어》를 보면 1월생이 또래 학생들보다 조금 먼저 태어났다는 이유 때문에 신체능력과 머리가 좋다. 운동도 공부도 잘하는 아이로 자라고, 선순환 효과가 일어나 국가대표, 사회적 저명인사가 된다. 그러나 반대로 12월생은 동급생보다 신체능력과 머리가 떨어져 뒤처진다는 얘기다. 승자의 경험은 그만큼 중요하다.

⭐ 결론

한국 시장은 집단적 하락에 갇힌 학습된 무기력 시장이다. 반면 미국 시장은 주식이 오르는 경험을 가진 긍정적 승자의 시장이다.

시간

산업자본주의가 들어서고 나서 시간은 돈이 되었다. 농경사회에서는 일하는 시간이 정해져 있었다. 해가 떠 있는 시간이다. 그러나 지금은 전기로 불을 켜고 밤에도 일을 할 수 있게 되었다. 밤에도 일을 하니 그만큼 더 많은 돈을 번다. 대신 노동의 시간은 더 길어졌다.

농경사회에서 농노나 소작농은 밤에는 쉴 수 있었다. 등잔을 켜고 일을 하는 것보다는 다음 날 일하는 것이 더 싸기 때문이다. 그만큼 고래기름 값은 비쌌다. 그러나 값싼 전기가 보급되자 노동자는 밤에도 일하느라 쉴 수 없었다. 3교대 근무는 공장을 24시간 돌리기 위한 수단이다. 자본가는 돈으로 시간을 산다. 사업을 하려면 해야 할 일이 수만 가지다. 그런데 몸은 하나다. 자신을 대신할 사람을 뽑아 일을 시키는 대신 임금을 주었다. 이렇게 자본가와 노동자로 나뉘었다. 자본가는 돈으로 시간을 사는 사람, 노동자는 시간으로 돈을 사는 사람이다.

마르크스는 《자본론》에서 자본가가 노동자를 착취한다 했다. 노동시간은 '필수노동 시간'이 있고 '잉여노동 시간'이 있다. 생산수단을 장악한 자본가는 노동자에게 임금을 주면서 '필수노동 시간'만 일을 시키지 않고, '잉여노동 시간'까지 일을 시킨다. 따라서 잉여노동 시간까지 일해 벌어들인 소득은 자본가의 잉여 소득이 된다. 산업자본주의 초기에는 법정 노동시간이라는 것이 없었으니 당연한 결과였다.

주당 52시간이 도입되기 전까지만 하더라도 대기업 사무직은 상사가 퇴근해야 퇴근하는 문화가 있었다. 사원은 대리 눈치를 보고, 대리는 과장 눈치를 보고, 과장은 부장 눈치를 보고, 부장은 이사 눈치를 봐야 한다. 사장이 퇴근을 하지 않으면 그 밑은 줄줄이 퇴근을 못한다. 그러나 자본가가 되면 출퇴근이 자유롭다. 언제든지 놀 수 있고 휴가도 갈 수 있으며 언제든 일할 수 있다. 자신의 자유의지로 시간을 낼 수 있다.

언젠가 바빠서 일을 하는데 누군가가 그랬다. 왜 점심시간에 일을 하냐고 말이다. 나는 그때가 점심시간인 줄 몰랐다. 회사를 그만두면 점심은 언제든 내가 먹고 싶은 시간에 먹을 수 있기 때문에 시간의 구애를 받지 않는다. 12시 땡 하기를 기다려야 할 이유가 사라진다.

자본가가 이렇게 시간을 낼 수 있는 이유는 돈으로 직원의 시간을 샀기 때문이다. 가난하면 100원이라도 더 싼 인터넷 최저가를 찾아서 돌아다녀야 하니 시간이 없다. 그러나 부자는 돈을 써서 시간을 아낀다.

⭐ 결론

가난하면 시간도 가난하다.

건강

가난하면 아파도 일을 해야 한다. 월차를 쓰고 쉴 수 있지만 오랫동안 쉬면 내 일자리가 다른 사람으로 대체된다. 아파도 출근을 하니 건강을 해친다. 당뇨, 고혈압, 고지혈증 합병증이 있어도 일하느라 약을 챙겨먹지도 못하고 휴식을 취하지도 못한다. 가난하면 위험한 일을 해야 한다. 개그맨 박명수가 이런 말을 했다.

"너 그렇게 공부 안 하면 추울 때 추운데서 일하고 더울 때 더운데서 일한다."

맞는 말이다. 대기업은 위험하고 더럽고 힘든 일은 모두 하청업체에 넘긴다. 하청업체는 숙련되지 않은 초보자에게 일을 시키다 결국 산업재해로 이어진다.

마르크스도 탄식할 '주 52시간제'

1997년 21개 국가, 37개 인구집단의 24개 암에 대한 파지아노의 연구를 보면, 일부 암을 제외하면 낮은 사회계층일수록 암발생율이 높았다. 남자의 경우, 낮은 사회계층에서 코, 후두, 폐 등 모든 호흡기의 암과 구강암, 인두암, 식도암, 위암 발생률이 높았다. 여자의 경우에도 낮은 사회계층에서 식도암, 위암, 자궁경부암의 발생률이 높았다.

_2022년 2월 16일자 한국경제

가난할수록 암도 더 잘 걸리고 더 빨리 죽는다. 상위소득 20%와 최저소득자를 비교한 결과 상위소득 20%에 비해 최저소득자는 암에 걸릴 확률이 1.5배 더 높았다. 이유는 세 가지다.

① 흡연, 음주, 운동 등의 건강저해 행위
② 주거환경 등 물질적 조건
③ 스트레스 등 사회심리적 요인

안 좋은 곳에 살고 더 오래 일하고 건강을 돌보지 못하고 장시간

일해야 하고 더 열악하고 더 위험한 곳에서 일하니 스트레스가 크다. 결국 이런 이유로 가난하면 암에 걸리고 일찍 죽는 것이다. 반대로 부자는 시간적 여유를 가지고 일하고 아프면 쉴 수 있어 건강관리를 잘할 수 있고 오래 산다.

⭐ 결론

가난하면 일반적으로 빨리 죽는다.

선택

가난하면 선택권이 없다. 가난하면 아이에게 맞는 옷을 사주고 싶지만 더 크면 버려야 하니 몸에 맞지 않는 큰 옷을 사줘야 한다. 둘째는 첫째 옷을 물려 입는다. 이렇게 자란 아이는 옷에 대한 취향이 없다. 좋은 옷을 입어 본 적이 없으니 자신에게 어울리는 옷이 무엇인지 모르고 옷에 대한 안목이 없다.

가난하면 맛있는 음식을 먹기보다는 배부른 음식을 먹는다. 그래서 음식 취향이 없다. 평생 어떤 음식이 맛있는지 모르고 죽을 확률도 높다. 회사에서 잘리면 생활비가 없어 바로 취직해야 하니 안 좋은 직장에 들어가야 한다. 시간을 두고 자신에게 맞는 회사나 비전

있는 회사를 고를 시간이 없다. 당장 취직해야 먹고 살 수 있다.

학교를 다니면서 돈이 없으면 학비를 벌어야 하니 시간이 없다. 이 외중에 어학연수, 대학원, 해외봉사 등의 스펙을 쌓기도 어렵다. 젊을 때 많은 경험을 하라는 말을 듣지만 젊을 때부터 죽어라 일한 경험밖에 없다. 가난하면 포기가 빠르고 지는 것에 익숙해진다.

반대로 부자는 맛있는 음식을 먹을 수 있어 취향이 있고 마음에 드는 회사를 고를 수 있어 자아실현을 할 수 있으며 하고 싶은 공부를 하며 경험을 쌓을 수 있다.

⭐ 결론

가난하면 선택권이 없어 오래 살아도 내가 무엇을 좋아하는지도 모른다.

정보 격차

가난하면 공부를 잘하기도 쉽지 않다. 주변에 공부를 잘하지 못한 부모와 친인척이 많기 때문에 어떻게 공부를 해야 하는지 알려줄 사람이 없다. 나는 40이 넘어서야 공부법이 따로 있다는 사실을 처음 알았다. 공부법을 알고 나면 시간과 돈을 아낄 수 있고 학업성적도 올릴 수 있다.

그래서일까, 공부를 잘하는 집안은 대대로 교수, 판사, 검사, 의사들이 나오지만, 가난한 집에서는 저소득 직업이 대물림되는 경향이 있다.

한국이나 미국이나 학벌사회인 건 매한가지다. 학벌은 주로 대학 졸업장으로 서열이 매겨진다. 학벌과 학력을 구분할 필요가 있는데, 학벌은 SKY 같은 명문대를 학사로 졸업했느냐이고, 학력이란 학사, 석사, 박사 등이다.

한국에서 학력은 크게 인정 받지 못한다. 사람을 평가하는 기준은 오로지 학벌이다. 학벌은 고등학교 때 수시와 수능으로 얼마나 좋은 대학을 갔느냐로 결정난다.

가난하면 공부법이 있다는 사실도 모르고 열심히만 하다가 결국 시간만 허비한다. 혹시 부자이지만 부모의 학벌은 시원찮다면, 학원이나 과외를 보내서라도 공부를 시킬 수 있다. 부모의 학벌도 좋지 않고, 가난하기까지 하다면 돌파구가 보이지 않는다. 가난하면 인맥의 범위도 줄어든다. 돈이나 직업을 통해 좋은 인맥을 쌓을 기회가 부족하다. 무엇이든 모르면 구체적인 솔루션도 있을리 없다. 디테일을 알지 못하니까 말이다. 모든 것이 그저 막연할 뿐이다.

"열심히 공부해라", "좋은 직업을 가져라." 명령어만 있지 구체적인 솔루션은 없다. 어떻게 해야 공부를 잘하는지, 돈을 벌 수 있는지,

어떤 것이 유망한지 그리고 그렇게 하려면 무엇을 해야 하는지 등 실전에 필요한 진짜가 없다. 시도한 적도, 성취한 적도 없다면 올바른 길도 알 수가 없다.

명문대가 좋은 점은 좋은 교수나 좋은 교육이 아니다. 주변 친구들의 조언과 분위기가 우선이다. 인생의 어려움을 겪을 때 조언을 해줄 사람이 있다면 자신이 원하는 인생에 더 빨리 다가갈 수 있다.

사람은 늘 보는 주변사람들과의 만남보다는 자신보다 뛰어나고 잘난 사람을 만나기 위해 노력해야 한다. 그래야 정보 격차가 줄어들고 조언을 들을 수 있다.

부자가 좋은 이유는, 주변에 조언을 구할 좋은 인맥이 널려 있고 찾아와서 정보를 줄 사람도 많다는 점이다.

★ 결론

가난하면 정보도 인맥도 가난하다. 가난은 내 대에서 끊어야 한다. 내가 끊지 못하면 대물림될 수밖에 없다. 가난은 인맥이 없고 정보가 없고 학벌이 없고 좋은 직업을 가질 수 없어, 돈을 벌 수 없고 건강이 나빠지는 악순환의 고리이다.

반대로 부자는 인맥과 정보가 넘치고 좋은 직업을 가지고 여유롭게 일을 하며 병에 걸려도 건강을 지킬 수 있는 선순환의 고리이다.

제목을 보면 상식에서 벗어난다고 생각할 수 있다. 보통은 올라갈 때 취하고 떨어질 때 버리면 계좌가 녹기 때문이다. 하지만 대전제에서 벗어나지 않으면 이보다 좋은 투자법은 없다.

세계 1등 주식과 미국 지수에만 통한다

세계 1등 주식이 아니라면 '올라갈 때 사고 떨어질 때 파는' 이 방법은 통하지 않는다. 떨어질 때 팔았다가 올라갈 때 샀는데 이후 지속적으로 떨어지면 어떻게 되는가? 10년간 내리 떨어질 수도 있다. 현대중공업은 10년 전 49만 원에서 현재 12만 원이다. 떨어질 때 팔고 올라갈 때 샀다면 물타기만 하다가 끝났을 것이다. 한국에는 이런 주식이 비일비재하다.

따라서 우상향하는 주식에만 적용해야 한다는 전제 조건이 필수다. 앞서 여러 차례 밝힌 대로 우상향하는 주식은 세계 1등 주식과 S&P500, 다우존스, 나스닥100과 같은 지수 ETF밖에 없다.

세계 1등 주식은 주가가 떨어지면 2등과 바뀌기 때문에 우상향하지 않을 수 없다. S&P500 ETF도 500개 기업 중 주가가 지속적으로 떨어지면 주식이 편출되기 때문에 주가가 올라갈 수밖에 없다. 평균을 깎아먹는 낮은 점수를 성적표에서 제외시킨다는 의미다. 그러다 보니 좋은 점수를 얻은 과목만 남아 평균을 올려주는 효과가 발생한다.

물론 지수도 지수 나름이다. 미국 이외의 ETF는 무조건 올라간다고 장담할 수 없다. 결국 우상향하는 주식만이 올라갈 때 사고 떨어질 때 파는 전략을 쓸 수 있다.

전체가 아닌 일부씩 대응한다

올라갈 때 올인했다가 떨어질 때 다시 전량매도를 한다면 한 번에 나가는 수수료가 크고 다시 몇 번 횡보하면 주식 수가 크게 줄어든다. 따라서 구간을 정해 사고 팔아야 한다. 이를 리밸런싱이라 한다.

세계 1등 주식을 전고점 대비 2.5% 구간으로 나누고, 25% 하락 시 100% 매도로 설정한다. 그리고 2.5% 떨어질 때마다 10%씩 판다. 즉 전체가 아닌 일부 주식을 사고 팔면서 떨어질 때와 오를 때를 모두 대비한다. 이때 이러한 장점들이 생긴다.

위험을 헤지할 수 있다

꼭 세계 1등 주식이 아니라도 2.5% 떨어질 때마다 10%씩 팔아 놓으면 위험에서 자동으로 헤지된다. 어떤 주식이건 흔하게 25%씩은 떨어지기 때문이다. 나스닥지수는 평균적으로 1년에 1번 정도 10%, 3년에 1번 정도 30% 조정이 나온다. 지수가 이 정도라면 일반 주식에서 25%~30% 조정은 매년 나오는 일상이다. 따라서 2.5% 떨어질 때마다 10%씩 팔았다면 어떤 주식이든 25% 떨어졌을 때 정작 나는 들고 있는 주식이 없다. 예를 들어 고점 대비 20% 이상 빠진 주식을 하염없이 들고 기다리는 경우처럼 소위 물릴 염려가 없다.

잡주는 2.5% 떨어질 때마다 10%씩 파는 전략을 애초에 구사하기도 쉽지 않다. 어닝쇼크나 돌발악재를 맞으면 하루에 25%씩 떨어지기도 하기 때문이다.

그러나 지수와 세계 1등에서 하루에 이런 폭락이 나올 가능성은 제로에 수렴한다. 지수는 당연하고, 세계 1등도 지수 추종 ETF의 비중이 높기 때문에 떨어지더라도 서서히 진행된다. 2.5% 떨어질 때마다 10%씩 팔며 위험분산이 가능하다는 뜻이다.

또한 주가가 고점 대비 2.5%씩 지속적으로 빠지면 결국 공황이 온다는 신호다. 그러다 위험이 가중되면 결국 나스닥 일간지수 -3%가 뜰 것이고 비율대로 팔고 말뚝박기에 들어가면 된다. 그러니 떨어질 때 팔면 물리지 않게 되며 25% 빠진 주식을 온전히 들고 있는 위험도 피할 수 있다.

바닥을 잡을 수 있고 포모에 시달리지 않는다

주식은 날씨와 같아서 어제는 비가 오고 천둥, 번개가 쳤지만 오늘은 맑을 수 있다. 주가의 방향은 종잡을 수 없고 예측 불허다. 따라서 그날그날 오르고 내림에 반응해야 한다. 떨어질 때 팔면 위험 헤지가 되고, 올라갈 때 사면 상승세에 올라탈 수 있다. 리밸런싱은, 2.5% 떨어질 때마다 10%씩 팔다가 나스닥 -3%가 뜨지 않을 때 2구간인 5%가 올라가면 보유한 현금으로 올인한다.

좋은 주식을 저가에 잡을 기회가 생긴다

떨어질 때 팔지 않으면 현금도 없다. 공황 같은 시기에 주식만 들고 있는 꼴이 된다. 그러나 리밸런싱을 하거나 나스닥 -3%가 떴을 때 비율대로 팔았다면 상당한 현금을 쥐게 된다. 그러니 이때 우량한 주식이나 어닝쇼크가 났거나 성장성이 있는데 긴축에 발목잡힌 기업이 있다면 -10% 투자법으로 투자할 수 있다. 세계 1등 주식도 주식 수를 크게 늘릴 기회다.

주식 수가 늘거나 좋은 종목을 싸게 사면 향후 경기가 좋아지면서 주가 상승의 열매를 온전히 내 것으로 만들 수 있다.

여기서의 위험은 떨어지고 올라가고를 반복하면서 횡보하는 것이다. 그것도 아주 좁은 구간에서 반복되면, 예를 들어 5% 떨어지고 5% 오르면 20%를 팔았고 다시 20%를 샀으니 수수료에서 손해를 본다. 그러나 보통 주식은 이렇게 움직이지 않는다. 한번 방향을 잡으면 지속적으로 떨어지거나 지속적으로 올라간다.

만약 공황이 온다면 지속적으로 떨어지기만 하고 반등은 가끔 잠깐이다. 꾸준히 올라가는 장이라면 0%대 상승 즉 0.2%, 0.5% 등의 상승이 일어나면서 지속적으로 올라가지, 5% 떨어지고 5% 오르는 횡보를 지속적으로 하는 일은 거의 없다. 위험이 지속되면 꾸준히 떨어지고 위험이 끝나는 신호가 나오면 급하게 올라가는 것이 주식이다.

• • •

개미들은 떨어질 때마다 일부씩 파는 전략을 생각하지 못하고, 결국 20% 이상 떨어져서야 땅을 치고 후회한다. 올라갈 때는 타이밍을 못잡고 어, 어 하며 쳐다만 본다. 전략의 부재다. 평소에 2.5% 떨어졌을 때 10%씩 판다는 전제도 없고 5% 올랐을 때 산다는 개념도 없다.

워런 버핏을 맹신하여 장기투자하면 돈 버는 줄 알고 잡주를 주야장천 들고만 있다가 고점에 물려버린다. 버핏의 포트폴리오 중 가장 높은 비중의 주식이 애플이다. 그를 믿고 장기투자할 주식은 세계 1등인데 개미들은 잡주를 들고 버핏을 추종한다고 착각한다.

워런 버핏도 포트폴리오 비중이 1% 미만인 잡주들은 사고 판다. 2022년에는 TSMC를 산 지 6개월만에 처분했다. 그도 포트폴리오가 작았다면 리밸런싱 전략을 썼을 것이다. 그러나 워런 버핏이 애플이 2.5% 떨어졌다고 10% 팔면 그날로 애플 주식은 폭락하고 만다. 결국 애플의 비중이 워낙 커서 리밸런싱 전략을 쓰지 못하는 것이다.

⭐ 결론

떨어질 때 팔고 올라갈 때 사면 포모도 피하고 위험도 헤지할 수 있다.

36장 | 경제적 해자가 있는 주식

2022년 1월 21일과 4월 20일, 넷플릭스 주가가 하루 동안 각각 21.79%, 35.12% 폭락한 적이 있다. 실적은 그럭저럭 선방했으나 예상치를 밑돈 유료구독자 수에서 발목을 잡혔다. 구독자 수 감소는 포스트 코로나 영향도 있었지만 근본적인 이유는 경제적 해자가 약해서 아닐까 생각한다.

'경제적 해자가 있는 주식'은 워런 버핏이 자주 쓰는 말이다. 경제적인 해자가 중요한 이유는, 경쟁력이 없는 주식을 비싸게 사지 않아야 하기 때문이다. 경쟁력이 없는데 비싸게 사는 주식들에는 어떤 것들이 있을까? 전기차, 항공우주, 암호화폐, 수소전지 등 가능성만 있는 미래성장산업주들이다.

물론 인기는 많다. 하지만 이런 주식은 밸류에이션이 계산되지 않기 때문에 지금 주가가 싼지 비싼지 알 수 없다. 그래서 비싸더라도 사람들이 몰리니까 샀다가 가격이 덜컥 주저앉아 물리는 경우가 많다.

반면 경제적 해자가 확실한 주식은 이러한 위험을 어느 정도 사전에 예방할 수 있다. 경제적 해자가 있는 주식은 크게 4가지 장점이 있다.

① 무형자산
② 전환비용
③ 네트워크 효과
④ 원가경쟁력

① 무형자산

무형자산은 브랜드, 특허, 라이센스 등을 말한다. 애플처럼 브랜드 충성도가 높거나 제약회사처럼 특허가 많은 경우다.

② 전환비용

전환비용은 한 번 선택하면 바꾸기 힘든 주식이다. 은행은 한 번 선택하면 다른 은행으로 바꾸기 힘들다. 자동이체 등을 전부 바꿔야 하기 때문이다. 아마존의 클라우드 등도 한 번 쓰면 바꾸기 힘들다. 넷플릭스가 클라우드를 아마존으로 옮기는 데 7년이 걸렸다. 앞으로도 넷플릭스는 아마존을 계속 쓰지 않을까 생각한다. 다만 해킹 등의 위협 때문에 요즘은 마이크로소프트의 애저나 구글의 클라우드를 함께 쓰는 멀티클라우드가 대세이기는 하다. 전환비용이 가장 비싼 기업들로는 애플의 iOS와 구글의 안드로이드 등 생태계기업들이 있다.

③ 네트워크 효과

연결되면서 시너지가 발생하는 기업으로 SNS기업인 페이스북, 왓츠앱, 인스타그램, 유튜브, 카카오톡, 라인 등이 대표적이다. 페이스북을 탈퇴하면 페이스북 친구들을 새로 만들어야 하니 강력하다.

④ 원가경쟁력

원가경쟁력도 해자냐고 생각할 수 있지만, 사실은 만만찮은 해자력을 갖고 있다. 대표적으로 사우스웨스트 같은 항공사인데 같은 항공기를 도입해서 정비를 쉽게 했고 직항노선을 도입해서 편리를 도모했다. 기존의 항공사는 퍼스트클래스, 비즈니스클래스를 포기할 수 없었기 때문에 따라하기 힘들었다. 그리고 규모의 경제로 특정 시간 대를 독점해서 후발 저가항공사가 들어오기 힘들게 만들었다.

그러나 뭐니뭐니해도 원가경쟁력으로 따지면 빅테크 주식이다. 페이스북의 가입자는 20억 명이다. 페이스북은 새로운 SNS앱이 들어오는 것을 가장 두려워한다. 베끼기 쉽기 때문이다. 그래서 인수합병을 하거나 원가로 경쟁자를 죽인다.

그동안 인수합병한 기업은 왓츠앱, 인스타그램이었고 스냅챗은 인수합병에 응하지 않자 스냅챗의 메세지가 사라지는 기능을 도입해서 스냅챗이 한동안 어려움을 겪게 했다. 이러한 일이 가능한 이유는 SNS기업은 원가가 들지 않기 때문이다.

그렇다면 넷플릭스는 4가지 중에 어느 정도의 경제적인 해자를 가지고 있을까?

① **무형자산**

브랜드 인지도가 있기는 하지만 강력하지는 않다. 디즈니 플러스에도 수많은 강력한 컨텐츠가 있다. 뿐만 아니라 HBO 맥스, 아마존 프라임, 애플 플러스 등 경쟁자가 수없이 많다.

② **전환비용**

OTT는 싸기 때문에 전환비용이 비싸지 않다. 아니면 OTT 서비스를 여러 개 볼 수도 있다. 따라서 넷플릭스는 전환비용이 크지 않다.

③ **네트워크 효과**

영화추천 기능 외 별다른 네트워크 효과가 없다.

④ **원가경쟁력**

많은 돈을 들여서 넷플릭스 오리지널을 만들고 있기 때문에 원가경쟁력은 없다고 봐야 한다. 그러나 후에 OTT 시장이 안정화되며 독과점으로 살아남으면 그때는 원가경쟁력이 생긴다. 오리지널이 많은 기존의 시장에 새로운 경쟁자가 들어오기 힘들기 때문이다.

넷플릭스에 비해 경제적 해자가 있는 기업은 어디인가? 대표적으로 애플이다.

① **무형자산**

'애플빠'가 있을 만큼 고객충성도가 높다.

② **전환비용**

한 번 아이폰을 쓰면 여간해서는 안드로이드로 바꾸지 않는다.

③ **네트워크 효과**

iOS는 강력한 생태계이다.

④ **원가경쟁력**

애플 로고만 붙으면 가격이 동일 성능 제품의 2배가 되어도 애플빠는 애플만 산다. 그만큼 충성도가 높다.

⭐ 결론

앞으로 탄탄하게 오를 주식은 경제적 해자가 있는 주식이다. 경제적 해자가 있는 주식은 전통기업일 것 같지만 4가지를 모두 만족하는 기업은 애플, 마이크로소프트, 아마존, 페이스북, 구글 등 대부분 빅테크 주식이다. 물론 경제적 해자가 구축되었다고 해서 영원하다는 의미는 아니다.

금리상승기에 물타기하면 망하는 이유

연준이 금리를 올리자 나스닥 성장주들이 우수수 떨어진 반면 경기방어주들은 조금 떨어지거나 오히려 인플레이션 영향으로 주가가 오른 경우도 있었다.

주식은 성장주와 성장이 끝난 기업으로 나눌 수 있다. 성장주는 FAANG 같은 인터넷 기업을 말하고, 성장이 끝난 기업은 맥도날드, 코카콜라와 같은 식음료, 통신, 유틸리티, 정유 등과 같은 전통산업이다.

이 둘을 나누는 기준은 말 그대로 매년 성장을 하느냐 마느냐. 기업의 성장이 정체되거나 역성장하게 되면 주가는 떨어진다. 그래서 성장주는 앞으로 매년 엄청난 성장을 거둘 수 있다는 청사진을 보여줘야 한다.

페이스북은 성장하면서도 엄청난 비용 압박에 시달렸다. 당시에는 광고 등을 비롯한 돈 버는 캐시카우가 없었기 때문이다. 광고가 효과를 보려면 많은 사용자가 필수다. 페이스북은 매년 엄청난 양의 데이터센터를 개설해야 해서 천문학적인 자금이 들어갔다. 다만 이렇게 데이터센터를 개설하는 것은 그만큼 사용자가 늘어난다는 뜻이니 앞으로 광고시장의 공룡이 될 수 있다는 비전을 볼 수 있었다. 결국 페이스북은 성장성을 인정 받아 벤처캐피탈 등으로부터 막대한 자금을 빌릴 수 있었다.

반면 성장이 끝난 기업은 현금흐름이 중요하다. 매년 안정적으로 돈을 벌고 있다는 증거와 확신을 줘야 한다.

이 두 종류의 기업들에게 중요한 것은 바로 부채다. 세계 1등 기업인 마이크로소프트도 부채가 있다. 영구채가 아닌 만기가 있는 부채로, 만기에 부채를 상환하거나 연장하지 못하면 파산한다. 이들 기업은 만기가 오면 대부분 신규 채권을 발행해 기존 부채를 갚으면서 만기를 연장한다.

그런데 만약 만기가 왔을 때 금융위기가 터지면 어떻게 되는가? 기업이 우량하지 않다면 신규 채권을 사려는 수요가 없어 파산할 수밖에 없다. 2020년 코로나 위기 때 정크본드 스프레드가 치솟은 이유, 즉 불량기업이 발행하는 부채인 정크본드를 아무도 사지 않으려고 해서 이자율이 급등한 것이다.

공황 같은 때는 시중에 돈이 마르기 때문에 위험자산 투자 회피 현상이 나타나고, 이로 인해 재무구조가 탄탄하지 않은 기업들이 파산한다. 공황 같은 위기가 오면 연준이 이자율을 낮추고 돈을 풀어서 기업을 살리는 이유를 알겠는가? 많은 기업이 파산하면 은행이 연쇄도산하며 금융시스템 자체가 무너지기 때문이다.

연준이 금리를 올리면 당장 돈은 벌어들이지 못하지만 향후 크게 성장할 것이라는 청사진만 보여준 기업들이 위험해진다. 한마디로 성장주다.

연준의 금리인상으로 시중에는 돈이 마르고, 벤쳐캐피탈이나 시중은행 등 성장주에 유동성을 줘야 하는 금융사들이 자신들도 여유가 없기 때문에 움츠리게 된다.

시중은행은 금리가 오르면 좋을 것 같지만 금리가 오른만큼 부채를 못 갚는 부실도 늘어난다. 따라서 돈을 못 갚을 기업부터 만기 때 부채를 회수하려 할 것이다. 성장주는 돈 버는 캐시카우가 아직은 약하다. 따라서 이런 기업부터 유동성이 마르면서 어려워진다. 파산할 위험이 커진 기업은 이를 시장에서 기가 막히게 알고 주가가 떨어지기 시작한다.

금리를 올렸을 때 주가가 많이 떨어지는 기업은 캐시카우가 없고 재무구조가 나쁜 기업이다. 그래서 금리가 오를 때 떨어진 기업에 물타기하면 나락으로 함께 떨어질 수 있다.

개미들은 기본적으로 성장주에 투자한다. 현금흐름이 좋은 기업은 이미 성장이 끝났으므로 주가가 많이 오르지 않는다. 그래서 성장주를 택하지만 성장주는 금리 상승기에 주가가 떨어진다. 이런 상황도 모르고 손절을 하면 죽을 것 같은 고통 때문에 돈을 더 집어 넣어 평단가를 낮춘다. 그러나 금리상승기가 시작되면 우량하고 성장하는 기업이 아니라면 원금 회복에 몇 년이 걸린다.

반면 금리를 올려도 주가가 버티거나 오히려 올라가는 기업은 성장은 끝났으나 현금흐름이 좋은 철밥통 기업이다. 물론 현금흐름도 안 좋고 성장성도 없으면 금리상승기에 기업은 파산한다.

38장 10년 뒤 주식으로 부자 되는 법

양도소득세 신고를 하려고 봤더니 손절했던 주식만 마이너스다. 어쩌면 당연한 결과다. 미래를 모르는 우리는 불확실성에 대한 두려움에서 벗어날 수 없다. 오늘 주가가 폭락하면 공포심에 앞뒤 가리지 않고 판다. 그러나 손절이 잦으면 손실이 늘어나고, 장기투자도 어려워진다.

부자가 되려면 장기투자를 해야 한다. 그리고 손절은 장기투자의 적이다. 지속적인 손절은 계좌를 녹게 만든다. 손절을 하지 않으려면 무엇이 필요한가? 확실히 오른다는 확신이 필요하다. 확신이 없으면 작은 바람에도 갈대처럼 흔들리고 만다.

주식전문가들은 왜 샀는지 일기를 쓰라고 권고한다. 그러나 일기를 쓴다고 확신이 생기나? 또는 주식을 분석하라고 한다. 그것도 꼼꼼히. 그래서 개미가 분석하면 제대로 알 수 있는가? 과거 분석이 현재도 맞는지, 혹은 미래에도 적용될지 확신할 수 있을까? 따라서 떨어지면 팔게 되어 있다.

인간이란 남이 하는 행동을 따라 하게 되어 있다. 어떤 실험에서 누가 봐도 상식적인 답이 A인데 10명의 사람이 A가 아닌 C라고 답을 하면 70%의 확률로 C라고 한다. 누가 봐도 A인데 말이다. 호모 사피엔스가 살아오면서 협업을 해야 생존할 수 있었던 유전자가 우리의 뇌에 각인되어 있기 때문이다. 따라서 주가가 떨어지면 우리는 다수의 의견에 편승해 따라 파는 경향이 있다. 그러나 이렇게 따라 팔면 손절을 하게 되고 리밸런싱이 아닌 손절은 손실로 기록된다. 손실은 복리효과를 반감시킨다.

확신을 갖고 주식을 모아가며 장기투자를 하려면 미래를 알아야 한다. 거기서 확신을 가질 수 있다.

〈시지프스〉라는 넷플릭스 드라마에는 전쟁을 일으키게 하는 '시그마'라는 인물이 나온다. 시그마는 미래에서 온 사람이다. 그는 미래에서 알게 된 정보로 막대한 돈을 벌고 그 돈으로 타임머신 기계를 완성해서 한국으로 원폭을 날린다. 그리고 전쟁이 벌어진다.

그렇다면 시그마는 어떻게 돈을 벌었을까? 그가 가져온 것은 바로 신문이다. 상한가 가는 종목을 빨간색 색연필로 그리면서 투자를 하니 돈을 못 벌 수 없다. 게다가 911테러 때에는 온 자산을 숏에 올인한다.

사실 신문도 필요없다. 제일 많이 오를 종목 하나에 올인한 후 마음 편히 10년만 기다리면 된다. 아무리 장이 요동을 치고 오르내려도 결국 나는 미래에 일어날 일을 알고 있기 때문에 마음을 바꿀 이유가 없다.

확신이라는 투자 원리

여기에 어떤 투자 원리가 작용됐는가? 바로 확신이다. 이보다 확실한 게 또 있을까? 그러나 안타깝게도 우리에게는 미래에서 가져온 신문이 없다. 따라서 미래에 확실히 일어날 일에 베팅하는 수밖에 없다. 10년 뒤 주식투자를 성공으로 이끄는 현실적인 전략은 무엇일까? 확실히 오를 종목을 사서 꾸준히 보유하는 것이다.

10년 뒤 확실히 오를 종목은 어떤 개별종목이 아니다. 바로 다우존스, S&P500, 나스닥 같은 지수이다. 지수가 일시적으로 공황을 만나 떨어질 수는 있지만 결국은 우상향하지 않는가? 따라서 확률적으로 무조건 오를 수밖에 없는 세계의 성장을 믿는 것이 우리의 확신이다. 세계가 발전하는 한 지수는 무조건 오르게 되어 있다. 물론 미국의 지수에 한해서다. 한국, 유럽, 일본, 중국 등의 지수가 올라 있을 것이라 예상하지 말자.

그리고 이 지수를 이기는 것이 세계 1등 종목이다. 현재는 마이크로소프트다. 그러니 마이크로소프트에 투자해야 한다. 마이크로소프트가 오르지 못하면 2등으로 밀린다. 그러면 1등에 올라온 종목으로 갈아타면 된다.

투자자의 눈은 미래를 향해 있다. 버스정류장에는 버스가 온다. 그러나 언제 올지 모른다. 안 올지도 모른다. 버스가 오지 않는다고 이 정류장 저 정류장 옮겨다니면 결국 버스를 못 탈 수도 있다. 100% 버스가 올 확률이 있는 정류장은 지수와 세계 1등이다. 그러니 확실히 올 버스를 한 정류장에서 꾸준히 기다리면 언젠가는 버스가 올 것이다. 당장 버스가 오지 않는다고 오르면 사고 떨어지면 팔면서 이곳저곳을 옮겨다니는 메뚜기가 되지는 말자.

다만 고점 대비 2.5%씩 떨어질 때마다 10%씩 팔면서 평단가를 낮추면서 기다리자. 평단가를 낮춰 놓으면 버스가 왔을 때 남들보다 두 배로 기쁠 수 있다.

⭐ 결론

세계 1등을 믿고 투자하면 10년 뒤에 부자가 되어 있을 것이다.

39장 장기투자 하기에
좋은 주식

미국의 나스닥과 다른 나라 주가를 보면 확연히 느껴지는 뚜렷한 차이가 있다. 미국의 나스닥이 우상향하는 데 반해 다른 나라의 주가는 횡보를 하거나 유럽의 국가들은 고점 대비 50%씩 빠지기도 한다. 스페인, 벨기에, 이탈리아 같은 나라들 말이다. 이런 나라에 장기투자를 했다면 결과가 어땠을까?

미국은 위기상황에서도 인플레이션 걱정 없이 유일하게 돈을 찍어낼 수 있는 나라다. 다른 나라가 이렇게 돈을 찍어냈다가는 베네수엘라나 짐바브웨처럼 하이퍼인플레이션에 빠진다. 외국인들이 달러 자금을 빼내가기 때문이다.

미국은 2008년도 금융위기와 2020년 코로나 위기를 겪으면서 각각 3조 5천억 달러, 4조 달러가 넘는 천문학적인 양적완화를 실시했다. 이렇게 풀린 돈은 시장으로 쏟아져 나온다.

미국인들은 자국의 주식을 사는 비율이 높다. 돈이 풀리면 해외보다는 90% 이상의 비중으로 국내에 주로 투자된다.

모든 돈의 길은 미국으로 통한다

코로나로 인해 전세계의 증시가 무섭게 뛰었다. 2021년 4월 기준, 세계 주식시장의 시가총액은 106조 달러(약 11경 9473조)로 1년 전에 비해 60% 늘었다. 미국 주식시장 시총이 세계 증시에서 차지하는 비중은 40%를 넘어선 것으로 집계됐다. 미국의 시가총액은 세계 시장 대비 40% 정도지만 미국인들이 미국시장에 투자하는 비율은 90%를 넘는다.

한국도 마찬가지다. 한국 주식시장은 시가총액이 1.41조 달러로 겨우 1.3% 정도 차지한다. 그러나 한국 개미들의 한국시장 투자비율은 미국과 다르지 않다. 거의 90%가 넘을 때도 있었다. 서학개미들 덕분에 미국 비중이 늘었다고는 하지만 말이다.

국민연금은 2021년 17.3%였던 국내 주식 비중을 2022년 16.8%까지 줄였다. 주식이 오를 만하면 국민연금이 판다는 기사도 있었다. 사실 세계시총 대비 1.3%에 불과한 국내시장에 16.8%나 투자하는 것도 말이 되지 않는다.

더구나 우리나라는 노령화 속도가 세계 최고다. 지금의 베이비붐 세대와 X세대인 70년대생이 은퇴를 하면 당연히 주식을 팔아서 연금을 줘야 한다. 그러면 앞으로 20년~30년 후에는 국민연금이 주식을 대거 국내시장에 내놓을 것이고 이로 인해 국내시장의 주가는 폭락하게 되어 있다. 따라서 세계시총에 맞게 국내 비중을 미리 1%대로 낮춰 놓아야 한다.

국민연금이 국내에서 판 자금은 주로 어디로 가는가? 북미, 즉 미국시장이다. 58.32%로 압도적이다.

한국만이 아닌 노령화가 심해지는 나라들의 공통적인 현상이다. 노르웨이 국부펀드, 싱가포르의 테마섹, 각국의 연금펀드가 미국시장에 투자하고 있다. 그래서 미국이 그렇게 돈을 찍어내도 찍은 만큼의 인플레이션이 오지 않는 것이다.

해외로부터 넘칠 만큼 들어오는 돈은 미국의 채권과 주식시장으로 흘러들어간다. 채권시장으로 들어간 돈은 미국의 국채를 사주면서 인플레이션을 방어해 준다. 세계가 미국의 인플레이션을 나눠갖는 것이다.

미국의 주식시장도 돈이 몰리면서 주가가 올라간다. 주가가 오르니 대박 나는 기업들이 생기고 그로 인해 미국시장에 상장하려는 새로운 스타트업이 생겨난다. 스타트업은 주식시장에 상장하면서 큰돈을 벌기도 하지만 인스타그램, 왓츠앱, 유튜브처럼 빅테크 기업이 이들 기업들을 인수하며 스타트업 창업자를 천만장자, 억만장자로 만들어준다.

이러한 선순환을 본 미국의 우수한 젊은이들은 한국처럼 의사가 되겠다고 몰리는 대신, 창업을 위해 실리콘밸리로 향한다. 그리고 유니콘(최근 미국 실리콘밸리에서 큰 성공을 거둔 스타트업을 통칭하는 말), 데카콘(기업가치가 100억 달러 이상으로 평가 받는 비상장 신생 벤처기업) 기업들이 더 많이 탄생한다.

이렇게 커진 기업들은 미국시장을 장악하고 막강한 자금력과 기술을 가지고 해외로 나간다. 미국이라는 가치가 더해져 미국에서 1등 기업이라면 더 많은 나라에서 인정해 준다. 싸이월드는 페이스북에 무너졌고 노키아는 애플의 스마트폰으로 6개월만에 망했다. 글로벌 1위로 등극한 1등 기업은 브랜드 가치가 높아지고 프리미엄 브랜드가 된다.

글로벌브랜드 가치 TOP 10

① 아마존

② 애플

③ 구글

④ 마이크로소프트

⑤ 텐센트

⑥ 페이스북

⑦ 알리바바

⑧ 비자

⑨ 맥도날드

⑩ 마스터카드

글로벌 브랜드 가치 탑 10 중에 미국기업이 8개, 중국기업이 2개다. 탑 100을 보더라도 미국기업이 56개로 가장 많고 중국이 18개이다. 한국 기업은 42위의 삼성전자 하나다.

⭐ 결론

유동성이 넘치는 곳에 인재가 몰린다. 인재가 몰리는 곳에서 혁신이 일어나며 혁신을 바탕으로 세계 최고의 기업이 된다. 결국 미국이 장기투자하기에 최고라는 의미다.

40장 | 평생 투자해도 부자 못 되는 사람 VS. 기다리면 저절로 부자 되는 사람

개그맨 김수용이 주식방송을 한 적이 있다. 방송 후 옆에 있던 주식 전문가가 김수용한테 혹시 역까지 태워줄 수 있는지 물었다. 그는 생각했다고 한다. '평생 주식만 했는데 왜 차가 없을까? 주식을 하면 정말 부자가 될 수 있는 걸까?'

공포에 팔지 않을 수 있어야 진짜 주식투자다. 주식은 믿음의 영역이 아니라 시스템의 영역이기 때문이다.

예를 들어 15만 원이던 하이닉스가 10만 원이 되었다. 하락률은 30%. 믿고 팔지 말아야 할까? 무엇을 믿고 견뎌야 하는가?

스마트폰이 나오면서 세계 제일의 노키아도 일 년 만에 망했다. 그렇게 잘나가던 코닥도 디지털 카메라가 나오자 순식간에 사라졌다. 한때 세계 1등이던 100년 기업 GE는 주가가 떨어져서 다우존스 지수에서도 퇴출되었다. 그런데 하이닉스를 믿고 버틸 수 있을까?

노키아나 GE보다 세계적인 기업이라고 할 수도 없는데?

믿음으로 버틴다는 말은 옳지 않다. 알지도 못하는 대상을 무엇을 근거로 믿을 수 있나? 세계적인 기업들의 속사정도 모를뿐더러 그 기업의 미래가치, 현재 사정 등도 알 수 없다. '우리 같은 개미들은 모른다'가 정답이다. 모르니 떨어지면 팔게 되어 있다.

떨어질 때 파는 이유는, 사람이 기계가 아닌 감정의 동물이기 때문이다. 이성으로 판단한다고 믿지만 사실 모든 결정은 감정이 하는 일이다. 그래서 투자의 승패는 감정을 얼마나 잘 조절하느냐에 따라 결정된다. 좀더 엄밀히 말해 감정을 조절하기보다는 평화로운 상태여야 한다.

감정을 평화로운 상태로 유지하려면 반드시 올라갈 종목을 선택해야 한다. 떨어질 수도 있다고 생각하는 순간, 평화로운 감정에 파문이 일 수밖에 없다. 망할까 두렵지 않아야 하고, 떨어질 때 감정이 흔들리거나 휘둘리지 않아야 한다.

개별 주식은 떨어질 때 감정에 휘둘린다. 제아무리 세계적인 주식도 망할 수 있기 때문이다. 그러나 세계 1등은 망할 수 없다. GE 등과 같이 세계 1등을 하다가 망할 지경에 이르면 1등이 2등으로 그리고 그 아래로 추락한다. 따라서 세계 1등만 따라가면 망하지 않는다는 믿음이 생기고 그 믿음은 감정을 평화로운 상태로 만든다.

리밸런싱으로 마음의 평화를 다잡는다

그런데 세계 1등이라도 막상 떨어지면 감정의 동요는 있기 마련이다. 세계 1등이던 애플도 1등을 하고 있었지만 45%까지 떨어진 적이 있다. 2등과의 차이가 너무 커서 1, 2등이 바뀌지도 않았고, 당시 나스닥 -3%도 뜨지 않았다. 온전히 애플만의 위기였다. 다시 고점을 회복하는 데 걸린 시간도 1년이었다.

왠만한 투자자라면 이 과정에서 버티기란 매우 어렵다. 그래서 필요한 개념이 리밸런싱이다. 2.5% 떨어질 때마다 10%씩 팔면 25% 떨어졌을 때 주식은 없고 현금 100%다. 45%까지 빠졌을 때 다시 산다면 존버보다 애플의 평단가를 획기적으로 낮출 수 있다. 45%까지 떨어지는 동안 리밸런싱을 하면 평단가를 낮출 수 있어서 좋고 오르면 오르니 좋다. 양쪽으로 좋으니 리밸런싱이야말로 감정에 파문이 일지 않게 하는 특효약이다.

개별주식 살 땐 -10% 투자법으로 감정 유지

'-10% 투자법'은 세계 1등이 아니라 개별종목을 살 때 아주 유용하다.

사고 싶은 주식이 크게 떨어졌다면 -10% 투자법을 활용해 보자.

크게 떨어진 가격에 총자산의 1%만 투자한다. 이후 오르면 사지 않고 떨어질 때만 산다. 산 가격에서 다시 -10%가 떨어지면 다시 1%만 산다. 총 50%까지 떨어지면 5%를 사고 그 이상 떨어져도 안 산다.

-10% 투자법에서도 망할 확률이 극히 낮은 우량한 주식이 좋다. 떨어지면 또 사면 되고 오르면 주가가 오르니 그것 또한 좋다. 세계 1등이 아니더라도 올라도 떨어져도 좋은 평화로운 투자가 가능해진다.

문제는 하락 구간, 이때는 말뚝박기

주가가 오를 때는 아무 문제가 없다. 떨어지니 문제다. 마음도 아프고, 잠도 안 오고, 심지어 자살까지 한다. 잘살아보겠다고 선택한 주식이 목숨까지 빼앗는 것을 보면 주식투자가 얼마나 무섭고 어려운 일인지 새삼 깨닫는다.

오를 때는 맑은 날의 연속이다가도, 어느날부터 시작된 비바람에 계좌가 모래처럼 흩어져버리면 눈앞이 캄캄해지고, 정신이 멍해진다. 그냥 들고만 있어도 문제지만, 감정에 휘둘려 사고팔고를 반복하면 재앙의 날은 더 빨리 다가온다.

무엇이 문제인지 되짚어보자.

'애초부터 감정을 평화롭게 하는 종목을 고르지 않았다.'

'떨어질 때 믿음이 흔들려 손절을 하고 말았다.'

결국 믿음의 문제가 아닌 시스템의 문제였다. 역으로 말해 당신의 감정에는 아무 문제가 없었다. 단지 시스템을 몰랐거나 잘못 골랐을 뿐이다.

세상에 믿을 주식은 하나도 없다. 주가가 떨어지면 누구나 공포에 사로잡힌다. 그러니 떨어질 때를 대비한 대책이 없다면 주식투자 결과는 반드시 실패일 수밖에 없다.

최근의 코로나 위기와 2018년 10월 위기, 2008년 금융위기 때 투자를 하고 있었다면 분명히 기억할 것이다. 고점 대비 30%에서 최대 50%가 빠지면 어떤 일이 벌어지는지 말이다. 시장은 패닉에 악소리가 나고, 개인은 그야말로 멘탈이 박살난다. 금액이 크면 클수록, 돈의 출처가 중요하면 할수록 붕괴의 정도가 심해지고, 심지어 자살이라는 모든 것의 종말까지 생각나는 것이다.

공포가 시장을 휩쓸 때, 하루 건너 나스닥 -3%가 뜨면서 주가는 순식간에 몇십% 끌려내려온다. 이때는 우량주고 잡주고 없다. 시장 전체가 무너지고, 나스닥이 3% 떨어지면 코스피와 코스닥은 그 이상 폭락한다. 평균 10년에 한 번씩은 이런 장세가 연출된다.

믿음만으로는 절대 투자를 이어갈 수 없다. 떨어질 때는 반드시 대책을 마련해 놓아야 한다. 이는 밥 먹을 때 숟가락을 드는 것처럼 너무나 당연한 일이다. 이때의 필수품이 바로 말뚝박기다.

2022년 이후처럼 양적완화가 끝나고 금리를 올리는 시기가 되면 연준이 뒤를 봐주지 않는다. 따라서 시장의 최대 폭락은 50%까지 봐야 한다. 이를 염두에 두고 5% 떨어질 때마다 10%씩 주식을 산다면 최대 50%까지 지수가 빠져도 버틸 수 있다. 말뚝박기 기간에는 떨어질 때만 사고 오를 때는 사지 않는다.

떨어지면 사면 되고 오르면 주가가 오르니 기분이 좋다. 떨어지건 오르건 대책이 있으니 감정에 휘둘리지 않는다. 특히 폭락하는 시기에는 감정이 이성을 지배하기 때문에 시스템 외의 것들은 모두 무용지물이 되고, 오히려 투자에 방해만 될 뿐이다.

요즘 중국의 전통무술과 MMA(Mixed Martial Arts) 선수들이 링에서 싸우는 경기를 종종 인터넷으로 시청한다. 중국의 전통무술인 태극권, 영춘권, 당랑권, 절권도 등을 수십 년 간 수련했다는 고수들은 MMA 파이터를 만나 죽도록 얻어터지고 기절하기 일쑤다. "중국 전통무술은 실전에서는 아무 소용이 없으며 무용에 지나지 않는다"는 MMA 파이터인 중국의 쉬샤오둥의 도발에 중국 전통무술 고수들이 발끈해 붙었다가 죄다 깨졌다.

중국 전통무술은 이론만 있을 뿐 실전성이 없다. 왜냐하면 링 위에서 붙기 전에는 태극권이니 영춘권이니 하다가 막상 싸움이 붙으면 개념 없는 펀치를 날리며 족보 없는 개싸움을 하기 때문이다. 평소에 실전을 치르지 않고 춤이나 추다가 막상 실전격투기 선수와 붙으니 공포가 밀려오면서 일방적으로 처맞는 것이다.

중국 전통무술 고수들은 사기꾼이라 불려도 할 말이 없다. 제자들뿐 아니라 자기 자신까지 속였다는 데서 진정한 사기꾼이라 할 수 있다. 타이슨이 그랬다.

"누구나 그럴싸한 계획이 있다. 링 위에서 처맞기 전에는."

투자자들은 주가가 떨어지면 해결할 그 어떤 방안이 있을 것이라 믿는다. 그리고 이번에 사면 수익이 크게 날 때까지 절대 팔지 않겠다고 다짐한다. 그러나 막상 떨어지기 시작하면 믿음은 신기루처럼 순식간에 사라지고, 없던 공포가 엄습해 오며, 떨어진 주가에 가슴은 찢어지고, 매일 떨어지는 주식창을 바라보다가 정확히 바닥에 파는 일이 다반사다.

워런 버핏은 "평생 가져가지 않을 주식은 사지도 말라"고 했지만 세상에 그런 주식은 없다. 미래의 일을 어떻게 아는가? 버핏이 단기에 판 주식도 꽤나 많다. 코로나 때는 항공주를 대거 처분했고, 극찬했던 TSMC는 6개월 만에 대부분 팔아치웠다.

천하의 마이크로소프트도 세계 1등에서 내려오면 미련없이 팔아야 한다. 원칙과 시스템 없이 투자하면 필패한다.

지수보다는 세계 1등

마지막으로 세계 1등 주식이 미국의 지수(나스닥100, S&P500, 다우존스 등)보다 뛰어나다. 세계 1등은 미국도 중국도 사우디아라비아 주식도 될 수 있지만 지수는 미국 지수에만 투자하기 때문이다.

미국주식이 우상향할 것이라 생각하고 미국지수에 투자했다가, 만약 다른 나라의 지수가 더 뛰어난 성적을 거두면 어떻게 할 것인가? 미국이 지금 세계 1등이지만 만약 세계 1등이 다른 나라로 바뀐다면 지수투자도 망하고 만다. 물론 현재로선 상상하기 어려운 일이지만 말이다.

그러나 세계 1등 주식은 시가총액 기준이기 때문에 시가총액이 바뀌면 미국주식이 아닌 어느 나라 주식도 그 왕좌에 오를 수 있다. 그러니 시가총액 세계 1등 주식을 따라가면 상폐 당하고 망할 일이 없다.

⭐ 결론

주식은 믿음으로 산 후, 떨어져도 꾹 참는 인내심 대결이 아니다. 반드시 오를 주식인 세계 1등 주식을 사돼 감정이 편하도록 철저히 시스템에 따라 기계적으로 사고 팔아야 한다.

버핏이 이끄는 버크셔해서웨이 같은 기업은 어떤 주식을 샀는지 SEC에 보고해야 한다. 그것이 바로 13F보고서다. 보고서 내용을 보면 가장 비중이 큰 종목은 애플로 비중 51.46%다. 그 밖에 뱅크오브아메리카, 아메리칸익스프레스, 코카콜라를 합쳐 상위 4개 종목의 비중은 무려 88.42%였다.

표_워런 버핏의 투자 포트폴리오 내 상위 종목(버크셔해서웨이 F-13 보고서)

보유 종목	보유 금액(달러)	전체 포트폴리오에서 차지하는 비중(%)
애플	1,234억	51.46
뱅크오브아메리카	426억	17.63
아메리칸익스프레스	251억	10.39
코카콜라	216억	8.94

투자자들은 버크셔해서웨이의 포트폴리오 상위종목보다는 주로 새롭게 편입편출된 종목에 관심을 둔다. 이 정보를 단기투자에 활용하고 싶기 때문이다. 그러나 이 보고서의 핵심은 포트폴리오 상위 4개 종목이다. 비중이 압도적이기 때문이다. 나머지 종목들의 비중은 다 합쳐도 10%를 조금 넘을 뿐이고, 새로 편입한 종목들은 한 종목당 비중이 1%도 채 되지 않는다. 0.03% 정도의 종목도 수두룩하다. 따라서 별로 중요치 않고 새로 편입했더라도 다음 보고서에서 빠지는 경우도 흔하다. 단타에 활용할 수 없다는 결론이다.

그럼 포트폴리오 상위 4개 종목의 매입 시기를 보자.

워런 버핏 하면 떠오르는 종목 코카콜라는 33년 전인 1988년부터 투자했고, 버크셔해서웨이가 가장 오랫동안 보유한 주식이다. 워런 버핏이 코카콜라를 이때 산 이유는 1987년 발생한 블랙먼데이 때문이다. 버핏은 이미 오래 전부터 코카콜라를 사고 싶었다. 문제는 가격이었다. 그러다가 블랙먼데이로 주가가 급락하자 좋은 가격에 살 수 있었다.

아메리칸익스프레스는 버핏이 1993년부터 들고 있는 주식이고, 뱅크오브아메리카는 2008년 금융위기 이후에 매수하기 시작했다.

버크셔해서웨이가 애플에 관심이 있다는 최초의 징후는, 세계 최대기업 애플 주식 980만 주를 매수했다고 발표한 2016년 5월 16일에 있었다. 애플이 세계 1등을 차지하고 나서도 한참이 지난 후였다.

그런데 애플의 비중이 50%가 넘는다. 버핏 입장에서는 거의 올인에 가깝다고 봐도 무방하다. 애플 이외의 모든 종목을 합쳐도 비중이 애플을 따라가지 못하기 때문이다.

그런 애플을 버핏은 2020년 말과 2021년 초 2분기 연속 매도했다. 애플 주가 120~130달러 구간이었다. 이로 인해 비중이 47.78%까지 줄었었다. 그러다가 다시 50%를 넘은 것이다. 이렇게 비중이 늘어난 이유는 추가로 매수했기 때문이 아니라 애플의 주가가 올랐기 때문이다(애플 주가 150달러 기준). 그리고 이런 기사가 나왔다.

'투자 귀재' 워런 버핏도 후회를? … "애플 매도는 실수"

워런 버핏, 애플 찬양하며 "일부 지분 매도는 실수" 항공주에는 여전히 거리 두기 "사고 싶지 않아"

버핏 회장은 애플의 일부 지분을 매도한 것을 후회하기도 했다. 버크셔해서웨이는 애플 투자로 지난해 상당한 평가이익을 올렸으나 지난해 4분기 보유한 애플 주식 중 3.7%를 매각했다. 이로 인해 버크셔해서웨이가 보유한 애플 주식은 1110억달러(약 124조원)로 줄어들었다.

버핏 회장은 "우리는 애플을 살 기회를 얻었고 작년에 일부 주식을 팔았다. 그건 아마도 실수인 것 같다"면서 "애플 제품들은 사람들에게 없어서는 안 될 필수품이다. 애플 제품이 사람들의 삶에서 차지하는 부분은 어마어마하다. 사람들에게 자동차와 애플 중 하나를 포기하라고 한다면 자동차를 포기할 것"

이라고 극찬했다.

_ 2021년 5월 2일자 한국경제

애플 제품이 단순한 제품을 넘어 '사람들에게 없어서는 안 될 필수품'이라는 버핏의 말이 와닿는다. 버크셔해서웨이의 CEO 워런 버핏은 지난 55년 동안 연평균 20.3%의 수익률을 거뒀다. 누적 수익률은 2,744,062%에 이른다. 1965년 100달러를 버크셔해서웨이 주식에 넣어뒀다면, 2019년 12월 말 270만 달러 이상의 가치가 됐을 것이다. 버크셔해서웨이의 연평균 수익률 20.3% 대비 S&P500의 연평균 수익률은 약 10.1%(배당 포함)다. 따라서 버크셔해서웨이의 연평균 수익률은 시장수익률을 무려 10% 이상 비트했다.

⭐ 결론

워런 버핏도 세계 1등주 추종 중이다. 따라서 세계 1등주에 투자한다면 연간 20%가 넘는 수익률을 거둘 수도 있다.

42장

10년 수익률 성적표, 한국주식 27% VS. 해외주식 397%

한국거래소와 한국예탁결제원 등에서 국내 개인투자자가 2011년 가장 많이 사들인 국내와 해외 주식 상위 50개 종목을 받아 10년 수익률(올 7월 말 기준)을 분석해 봤다. 그 결과 국내 주식의 10년 수익률은 27.26%에 그쳤다. 50개 종목 중 10년 수익률이 마이너스인 종목이 30개나 됐고, 3개는 상장폐지됐다.

반면 같은 기간 미국 중국(홍콩 포함) 일본 등 해외 주식에 투자했다면 수익률은 397%에 달했다. 400% 이상 수익을 낸 종목(12개)이 손실을 낸 종목(11개)보다 많았다. 일반 개인투자자가 글로벌시장으로 눈을 돌려 장기로 투자했다면 투자 성적표가 크게 달라졌을 것이다.

한국주식 27%대 해외주식 397%. 단기간도 아니고 10년이라는 긴 시간의 성적표 치고는 수익률 차이가 심해도 너무 심하다. 이 수치 하나만 봐도 투자자가 어디에 몸담아야 하는지 결론은 자명하다.

평상시 미국주식은 사상 최고가가 다반사다. 게다가 달러자산 기반으로 투자하는 미국주식은 위기가 오면 환율이 올라 생각지 못한 이익을 준다. 이 자체로 주가 하락에 대한 헤지 기능이 있다. 그러나 국내 주식은 수익률도 떨어지고, 위기가 오면 원화가치까지 하락하여 헤지라고는 눈 씻고 봐도 없다.

최근에는 자산이 많을수록 해외투자 비중이 높다. 자산가일수록 해외에 투자한다는 의미다. 반면 금액이 적은 개인(1억 미만)일수록 국내 주식에 머물러 있다.

미국주식에 비해 한국주식의 장점이 무엇인지 곰곰히 생각하게 된다. 그런데 아무리 찾으려 해도 도무지 찾기가 어렵다. 미국은 지속적인 우상향인데, 한국은 10년에 한 번 오는 상승기에 박스권에서 탈출할 뿐이다. 나스닥이 2010년 이후 500% 오르는 동안 한국은 겨우 64% 올랐다. 그것도 코로나 이후 동학개미가 들어오면서 30% 가량 올라서 이 수치를 기록했고, 그 전에는 10년 전이나 2020년이나 마찬가지였다. 10년 전 아마존 주식을 샀더라면 수익은 상상을 초월하는 1,822%였다.

그런데도 한국주식인가?

투자자들이 한국주식에만 관심을 갖는 이유는 자국편향 때문이다.

우리나라뿐 아니라 지구상 모든 나라의 95%가 자국편향에 빠져 있다. 한국은 글로벌투자에 있어서 시가총액 비중으로 따지면 2% 남짓이다. 따라서 총자산의 2% 정도 투자가 맞고 나머지는 글로벌자산에 투자해야 한다.

글로벌자산 중 미국자산 투자가 이성적인 판단이다. 미국은 투자환경을 비롯해 모든 부분이 잘 갖춰져 있다. 중국의 성장률이 높다고는 하지만 정치 리스크가 너무 크다. 텐센트, 알리바바, 메이퇀디엔핑, 탈에듀케이션 등을 보면 알 수 있다. 어느날 갑자기 공산당이 기업 때려잡겠다고 나오면 주가는 심지어 90%가 폭락한다. 상장폐지도 우습다. 일본, 유럽의 주식은 성장이 멈춰 있다. 성장 없이 주가가 올라갈까? 유럽은 명품기업이 중국의 성장 때문에 올라갔으나 부를 나눠야 한다는 공산당 정부의 공부론 때문에 철퇴를 맞았다.

그러나 미국은 위기 때의 환율 헤지를 비롯해 우량한 글로벌 기업이 많고 자사주 매입을 비롯한 주주친화적인 제도를 잘 지키고 있다. 한국은 투자할 만한 대부분의 기업이 씨크리컬(경기를 타는) 기업이지만 미국의 우량기업은 대부분 꾸준히 우상향하는 플랫폼 기업이다.

투자의 방향이 글로벌투자로 바뀌고 있다

이제 투자의 대세는 자국편향에서 글로벌투자로 바뀌고 있다. 시대의 이 흐름을 놓치지 않아야 한다. 과거에는 세상이 지역중심적이었다. 100년 전까지만 해도 미국 가정의 75%는 전화도 없었다. 경쟁도 지역중심이었다.

그러나 지금은 경쟁자가 전세계인이다. 인터넷이 우리 사이의 거리를 가깝게 해주었다. 초연결사회가 되면서 경쟁자도 전세계인이 되었다. 미국의 콜센터는 예전에는 미국에서 인력을 뽑았으나 지금은 영어를 잘하는 인도로 회사를 옮겼다.

프로그래머도 지역에서 뽑았으나 코로나를 지나면서 재택근무가 가능해졌고, 세계 어디에서도 인재를 뽑을 수 있다는 사실을 기업들이 눈치 채기 시작했다. 프로그래머야말로 전세계적인 경쟁분야다.

콜센터는 비용을 낮추고 프로그래머의 재택근무는 인재의 풀을 넓힌다. 프로그래머뿐 아니라 교육, 마케팅, 분석, 컨설팅, 저널리즘, 의학 등 분야를 막론하고 인재풀이 확대될 수 있다. 반대로 뛰어난 능력을 가진 사람이라면 몸값을 높일 기회이기도 하다.

이런 일을 제대로 해낼 수 있는 기업이 전세계에 과연 몇이나 될까? 미국 글로벌기업만이 가능할 것이다. 따라서 자국투자를 고집할 필요가 없고, 글로벌투자로 눈을 돌려야 한다.

세계화가 되면서 기업은 하드웨어에서 소프트웨어로 글로벌 탑티어 기업이 바뀌고 있다. 한국 가정에서 과거에는 10% 정도만 에어컨, 냉장고 등이 있었다면 지금은 없는 게 이상하다. 그만큼 풍요로운 세상이다. 그리고 아시아의 역할이 매우 컸다. 중국이 2001년 WTO에 들어오면서 가전제품을 비롯한 하드웨어 가격이 크게 떨어졌다. 조선, 철강, 석유화학 등도 값싼 노동력을 통해 저렴한 가격으로 글로벌시장에 공급했다.

이러자 기업은 작전을 바꿨다. 하드웨어는 싸게 주는 대신에 소프트웨어를 비싸게 팔자고 말이다. HP에서 프린터는 싸게 주고 잉크를 비싸게 파는 전략에서 시작되었다. 소니는 플레이스테이션을 싸게 팔고 그 대신 게임 소프트웨어를 비싸게 팔기 시작했다. 그리고 음악, 프로그램까지 영역이 확대되었다.

제조업에서 단가는 지속적으로 낮아지고 영업이익은 줄어들었다. 그러나 소프트웨어의 단가는 크게 올라갔다. 소프트웨어는 한번 개발 후 소비자들의 지속적인 이용을 이끌어내기만 하면 그때부터 수익이 엄청난 속도로 증가한다. 제조업 영업이익이 낮아지니 제조업을 하는 동아시아의 일본, 중국, 한국 등의 기업 주가는 오르지 못하고 소프트웨어 기업 주가만 오르기 시작한다.

풍요로운 세상을 살아가는 사람들은 새로운 욕구를 추구하고 있다. 그것은 경험이다. 경험은 자기만의 것보다는 남과 공유해야 더 커진다. 인간의 기본적인 욕구는 공감이기 때문이다. 여행을 하는 동안 멋진 풍경과 음식을 보면 사진을 찍고 싶은 욕구가 생긴다. 여기까지는 개인 경험이다. 그러나 스마트폰으로 찍어서 페이스북에 올리면 이것은 공유다. 페친들이 좋아요를 눌러주면 공감이 생긴다.

공감은 욕구가 충족된다. 이런 욕구의 충족은 색다른 경험을 추구하게 만든다. 새 냉장고를 샀다고 인스타에 올리지는 않는다. 즉 제조업에서는 새로운 욕구가 생기지 않는다.

이렇게 풍요로운 세상에서 새로운 욕구를 충족시켜주는 기업은 애플, 마이크로소프트, 아마존, 구글, 페이스북, 넷플릭스와 같은 기업들이다.

디즈니의 연수교재에 나오는 내용이다.

"우리는 피곤해질 수는 있어도 결코 따분해져서는 안 됩니다."

애플의 말단 직원이 했던 말이다.

"우린 돈 때문에 일한 게 아니다. 세상을 바꾸기 위해 일했다. 우리는 우리가 하는 일이 가치가 있다고 스스로 믿었다."

⭐ 결론

풍요의 시대, 따분한 우리를 충족시켜줄 기업은 미국기업이 아닌가 생각한다.

43장 | 수익률 하나로 맞짱을 떠보자

세계 1등 투자법이 좋은 이유를 하나 더 말하자면, 액티브 자금에서 패시브 자금(S&P500지수 등의 ETF 투자)으로 바뀌면서 패시브 자금의 1등주 비중이 늘어나 수익률을 올려주기 때문이다.

패시브 자금이 늘어난 원인은, 자금의 성격이 늙었기 때문이다. 안정적인 수익을 원하는 베이비부머들이 많아지면서 이 자금도 지수를 추종하는 투자를 한다. 각국 연금펀드들의 자금도 늘어나고 있는데 개별주보다는 지수를 주로 추종한다.

그리고 또 하나의 이유는 패시브 투자가 액티브 투자보다 수익률 면에서 좋기 때문이기도 하다. 워런 버핏과 헤지펀드의 수익률 게임에서 워런 버핏의 S&P500지수 투자가 헤지펀드들의 투자수익을 압도한 적이 있다. 그러니 연금펀드들은 고민할 것 없이 지수에 투자한다.

연금펀드들은 지수와 함께 채권에도 투자한다. 금리가 오르면 채권의 수익률도 높아지므로 주식 대비 채권 비중이 커질 수 있다. 지수투자의 확대는 곧 세계 1등주 투자의 비중 확대를 의미한다. 지수는 시가총액 비율로 담기 때문이다.

미국 주식은 든든한 뒷배가 있다. 주가가 떨어지면 연준이 끌어올려 준다. 그린스펀 때까지만 해도 주가에 심드렁했으나 버냉키 이후, 연준은 주가 하락에 벌벌 떠는 경향이 있다. 2008년 금융위기를 겪으면서 주가가 박살이 나자 포워드 가이던스(미리 연준의 금리정책 등을 알려주는 행위)를 하면서 시장에 매우 친절하다. 또한 주가가 떨어지면 양적완화, 제로금리를 하면서 적극적으로 하방을 지지해 준다.

그러나 어디까지나 미국 주식시장에 한해서다. 신흥국 시장은 금, 원자재, 원유 등의 시장과 매한가지다. 떨어지건 말건 연준은 신경도 쓰지 않는다. 그러니 뒷배를 가진 미국주식을 해야 하고 그 중에서도 세계 1등 주식이다.

연준이 만들어낸 저금리는 주식, 부동산 시장으로 들어간다. 자금 유입이 꾸준하다 보니 미국 주식은 평소에는 변동성이 작다. 그러나 한국 주식은 변동성이 심하다. 멘탈 약한 투자자가 버티기 어려울 지경이다. 결국 이렇게 저금리로 만든 유동성이 주식과 부동산으로 몰리면서 버블이 생긴다.

미국 주식은 성장성이 있다. 미국은 전세계 GDP의 30%를 차지하고 있으나 시가총액은 50%가 넘는다. 그만큼 성장주와 유망주가 많다는 증거다.

본래 가치주는 밸류에이션이 낮게 책정된다. 은행주는 PBR이 0.5 정도밖에 안 된다. 성장이 없기 때문이다. 반면에 미국은 혁신을 통해 성장주를 만들어내고 있으므로 당연히 PER이 높고 가치주보다 성장주에 돈이 몰린다. 그 결과 전 세계 시가총액 50%가 넘은 것이다. 반면 한국은 국민연금마저 국내 비중을 줄이느라 매도를 하며 팔아 제끼고 있다.

수익이 나지 않는다면 세금이 무슨 소용

투자의 구루들은 포트폴리오를 분산하라고 말한다. 헤지 차원임을 충분히 이해한다. 주식은 위험하다. 올인은 위험천만이다. 그러나 나는 1등 주식에 올인하고, 헤지는 여러 바구니가 아니라 리밸런싱과 말뚝박기가 낫다고 생각한다.

여기서 팩폭 하나. 미국에 투자했던 사람들은 대부분 양도세를 냈을 것이다. 양도세를 내며 종목도 확인이 가능하다. 이전 해에 투자했던 종목들의 수익률을 전부 더해 보라. 그리고 1등 주식인 애플의 수익률과 비교해 보라. 애플보다 수익률이 떨어진다면 당신의 투자법은 1등을 이기지 못한다. 아마도 대부분은 애플은 커녕 S&P500

지수의 수익률에도 못 미쳤을 것이다.

국내 주식은 양도세를 내지 않는다. 국내 주식도 이전 해의 수익률을 뽑아 더해 보자. 그리고 1등 주식과 비교해 보자. 1등 주식을 이기지 못했다면 다 팔고 떠나라. 물 건너 해외로 투자처를 옮기자.

해외투자 세금이 무서워 국내에 투자한다는 의견이 많다. 하지만 국내에 투자해서 수익이 나야 세금이라도 낼 것이 아닌가. 수익이 나지 않아 세금을 내지 않는데, 왜 세금 걱정부터 하는가. 해외투자로 더 많이 벌어서 더 많은 세금이 내는 것이 투자자로서 행복한 결과물이다.

투자 구력이 좀 된다면 최근 5년간 자료도 좋다. 1등과 비교하면 더 뚜렷해진다. 5년간 애플은 약 500% 가까이 올랐다. 더 이상 무슨 말이 필요한가.

⭐ 결론

올바른 투자는 늦게 깨달을수록 손해다. 하지만 더 큰 손해는 일찍 알고도 내 투자에 적용하지 않는 것이다. 하루라도 빨리 시작하는 게 남는 장사다.

44장

증시가 좋을 때(강세장)와 나쁠 때(약세장)를 구별하는 법

인간이 다른 동물보다 뛰어난 한 가지는 패턴 인식을 통한 추론이다. 인간의 자연선택설, 적자생존은 패턴 인식에 뛰어난 이들만 살아남게 했다. 50만 년 전 호모 사피엔스는 눈이 내린 후 발자국이 맹수의 것인지 일반동물의 것인지 구별해야만 살아남을 수 있었다. 발자국 패턴으로 주변을 추론해 내고, 최근의 발자국이라면 경계를 하거나 사냥을 하거나 선택을 해야 했다.

이러한 인간의 패턴인식은 자율주행차의 인공지능보다 뛰어난 성능을 발휘한다. 인공지능컴퓨터는 수십만 장의 그림을 활용해 개와 고양이를 판단하나 사람은 그보다 쉽게 판별한다.

동양인은 서양인보다는 같은 동양인의 얼굴을 훨씬 잘 구분한다. 한국, 중국, 일본 사람을 95% 이상의 확률로 맞출 수 있다. 서양인도 같은 서양인은 잘 구별하지만, 동양인을 보면 어느 나라 사람인지

헷갈린다.

증시의 날씨를 파악하려면 약세장과 강세장을 판단할 수 있어야 한다. 판단에 도움을 주는 몇 가지의 패턴에 대해 살펴보자.

약세장의 특징

① 악재가 많다

약세장에서는 악재가 쉴 새 없이 쏟아진다. 부채한도 협상부터 헝다 발 중국 부동산 악재, 인플레이션, 연준의 테이퍼링, 은행의 파산 등이 터진다. 이처럼 악재의 갯수가 많아지면 일단 조심해야 한다.

② VIX지수가 20 이상으로 오른다

VIX지수(변동성 지수)가 15 정도면 안정적이다. 그런데 20을 넘은 후 20 이하로 내려오지 않고 꾸준히 유지되면 약세장으로 판단할 수 있다.

③ 나스닥 1% 이상 하락이 자주 발생한다

강세장일 때 나스닥의 특징은 주로 0%대 상승이 꾸준히 발생하며 지속적으로 오른다는 것이다. 물론 하락 시에도 0%대가 많다. 그리고 가끔 1%대 상승도 있지만 1% 이상의 하락은 거의 발생하지 않는다. 시간이 지나고 보면 0%대 상승이 꾸준한 우상향을 만들어낸다.

그런데 0%대가 아닌 1%대 하락이 나타나기 시작하면 약세장 징후로 판단하고 경계를 시작해야 한다. 1%대 하락이 일어나다 -3%가 뜨면 일단 약세장 진입으로 볼 수 있다.

④ **악재에는 민감하게, 호재에는 둔감하게 반응한다**

약세장이 시작되면 조그만 악재에도 증시가 휘청거리고, 반면 호재에는 별 반응을 하지 않는다. 2% 빠지고 1% 상승하면서 꾸준히 우하향한다.

강세장의 특징

① **별다른 악재가 없다**

주식시장에 영향을 주는 뚜렷한 악재가 거의 발생하지 않는다.

② **안정적인 VIX지수**

VIX지수가 20 이하로 안정된다.

③ **0%대 상승이 꾸준히 일어난다**

나스닥 1%대 하락은 거의 일어나지 않는다.

④ **악재에 둔감하고, 호재에 민감해진다**

강세장이 시작되면 악재가 나와도 작게 내리고 호재에는 크게 오른다. 1% 빠졌어도 다음날 2% 이상 오르면서 호재가 악재를 덮는다.

대책

① 약세장에 진입하면 섣불리 매수하지 말자

2% 떨어지고 1% 올랐다고 악재가 끝났다고 생각하지 말자. 하루 올랐을 뿐이다. 악재 하나가 봉합되었다고 약세장이 갑자기 강세장으로 바뀌지는 않는다. 시장을 끝없이 의심해야 한다.

② 강세장일 때는 섣불리 매도하지 말자

강세장일 때는 악재가 있어 떨어져도 섣불리 매도해서는 안 된다. 약간의 호재에도 크게 반등할 수 있기 때문이다.

③ 내가 팔고 싶으면 오르고, 사고 싶으면 떨어진다

마음이 시키는 대로 하지 말고 청개구리처럼 행동하면 된다. 개인투자자들이 내가 사면 떨어지고, 내가 팔면 오른다는 말을 자주 하는 이유는 마음이 시키는 대로 사고팔았기 때문이다. 오를 때는 끝없이 오를 것 같고, 떨어질 때는 하염없이 떨어질 것처럼 느껴지는 게 주식이다.

⭐ 결론

0%대 상승이 나오다 1%대 하락이 나오면 경계를 시작하자.

그러나 더 좋은 방법은 매뉴얼대로 하는 것이다. 전고점에서 2.5% 떨어지면 10% 팔아야 하지만 내가 팔고 올라가면 어떻게 하지 하는 생각이 든다. 리밸런싱은 인간의 감정을 거스르는 법칙이다. 시작하기는 어렵지만 막상 시작하면 떨어져도 올라도 마음이 그렇게 편할 수 없다.

리밸런싱의 목적은, 첫째 마음 편한 투자, 둘째 크게 떨어질 때 그동안의 자잘한 손해를 모두 메우는 데 있다.

45장

10억 주식 부자 vs.
20억 부동산 부자,
누가 더 부자일까?

액면가로만 보면 20억 부동산 부자의 압승이다. 하지만 정말 그런지 내용을 잘 따져봐야 한다. 대부분의 20억 부동산 부자는 절반에 해당하는 10억을 대출이나 전세금을 끼고 있다. 둘 중 삶의 질은 누가 더 좋을까? 결론부터 얘기하면 주식부자다. 그것도 훨씬.

여유자금

주식 부자와 부동산 부자 모두 10억의 여유자금이 있는 것처럼 보인다. 그러나 부동산 부자는 부동산을 팔아야 돈을 쓸 수 있다. 부동산 부자에게 10억은 숫자일 뿐이다. 부동산 부자가 부동산을 팔지 못하는 이유는 다음과 같다.

팔면 갈 집이 없기 때문이다

전세를 가려고 해도 20억 정도의 집이라면 강남 아파트 정도일 것인데 전세금이 10억 이상이다. 그러니 20억에 팔아서 세금을 한푼도 안 낸다 하더라도 다시 전세금으로 모두 지불해야 한다. 차라리그냥 내 집에 사는 것이 더 이익이다. 집값 상승 효과 때문이다.

배우자가 반대한다

배우자와 자녀의 반대에 부딪힌다. 배우자는 아이들 교육 때문에, 자녀는 사는 동네에 대한 자부심 때문에 반대한다. 만약 자녀가 결혼을 앞두고 있다면 더 격렬히 반대한다. 부모가 강남, 목동에 집 한채 있다고 하면 어깨가 으쓱해진다.

세금이라는 장벽이 가로막는다

1가구 1주택에 2년 보유인데 10억에 사서 20억에 팔았다면 계산이복잡하지만 이것 저것 다 제외하고 양도세만 1억 5천만 원 정도 나온다. 이것도 큰데 2주택이라면 4억으로 뛴다. 무려 40%를 양도세로 내야 한다. 이것도 큰데 3주택 이상은 양도세가 85.2%다. 이 세금으로는 절대 팔 수 없고, 1주택이라 하더라도 ①번처럼 팔고 전세로 가야 하는데 갈 곳이 없어서 팔지 못한다.

• • •

부동산은 주식처럼 쪼개 팔 수 없으니 집을 팔지 않는한 당장 혹은 매달 필요한 자금을 조달하기가 어렵다. 반면 한국주식은 양도세가 없으므로 10억이 온전히 자기 돈이다. 해외주식의 경우에도 0원에서 10억을 한 해에 다 버는 기적을 일으키지 않는 이상 양도세는 현저히 적다. 만약 10억 원을 온전히 양도세로 내야 한다고 하더라도 세율이 22%이니 2주택 이상 부동산 부자와 비교하면 부담이 훨씬 덜하다.

또한 주식은 쪼개서 팔 수 있다는 장점이 있다. 내가 필요한 만큼만, 예를 들어 한 달에 300만 원, 1년에 3,600만 원, 이렇게 팔면 양도세 부담이 크게 줄어든다. 따라서 여유자금 면에서 주식이 부동산을 압도한다.

보유세

주식은 보유세가 없지만 부동산은 보유세를 내야 한다.

집값에 비례해 종부세만 1년에 수백에서 수천만 원을 내야 한다. 그러나 이것은 약과다. 다주택자라면 보유세는 재앙 수준에 가깝다.

이자 비용

세무사를 하는 지인 중 한 분이 목동에 살면서 10억대에 아파트를 사서 20억대에 팔았다. 그런데 잘 계산해 보니 남는 것이 없더라고 한다. 이유는 이자 때문이다. 그분의 시세차익은 약 10억이었다. 문제는 오른 기간이었다. 15년만의 일이었다.

예를 들어 대치동 은마아파트의 경우 2006년에 14억, 2021년 말에 약 24억이었다. 앞의 세무사 사례처럼 15년 동안 10억이 올랐다. 연간으로 나누면 1년에 약 6,600만 원, 6.6%다.

이 아파트를 대출 없이 샀을 가능성은 매우 낮으므로 한 해 이자를 계산해 보면, 2016년까지만 해도 주택담보대출 이자율은 6% 정도였다. 코로나로 인해 한국은행이 거의 제로금리 정책을 하면서 3%대 대출을 받기도 했지만 어디까지나 특수상황이었고, 내내 지속된 건 아니었다. 오히려 인플레이션으로 기준금리를 올리면서 주택담보대출 금리가 다시 올라버렸다.

정확한 계산은 아니더라도 결국 매년 아파트 값이 오른 만큼(매년

6.6%) 이자 비용이 지출되었다는 의미다. 양도세 포함 기타 지출은 넣지도 않았다. 이자만으로도 집값 상승분이 모두 상쇄된다는 말이다.

세무사의 사례처럼 대출을 받아서 집을 샀고 10억이라는 시세차익을 남겼는데, 보유세와 이자비용, 양도세에 취등록세와 복비까지 다 계산하고 나니 헛장사했다고 하는 게 아니겠는가?

그렇다면 10억 주식 부자는 집 없이 살 수 있는가? 당연히 그도 집이 있어야 한다. 그래서 다룰 삶의 질 문제가 대두된다.

삶의 질

부동산

10억 대출을 받아 20억짜리 아파트를 보유하고 있으면 삶의 질이 매우 떨어진다. 보유세와 이자비용을 감당하느라 허리가 휠 지경이다. 물론 사업으로 넉넉할 만큼 돈을 번다면 문제가 없다. 그러나 전문직인 의사, 변호사 등의 수준이거나 월급쟁이라면 문제가 된다.

이들은 집을 보유하면서 사실상 남는 것이 없다고 봐야 한다. 이것저것 제하고 내 손에 쥐어지는 순수입 기준으로, 내과의사의 한 달 평균 수입은 약 1,000만 원 정도다. 변호사도 로펌에 근무하는 아주 잘나가는 파트너가 아니라면 이보다 많을 수 없다.

이 정도 수입에서 매달 보유세와 이자비용으로 최소한 500만 원이 나간다. 1,000만 원 벌어서 500만 원으로 생활한다. 버는 돈에 비해 삶의 질이 현저히 떨어진다. 열심히 일해 결국 은행, 나라 좋은 일만 시키는 꼴이다. 그리고 갑자기 경제공황이 와서 원금상환이 들어오는 경우는 제외다.

주식

맥쿼리인프라 등 배당주에 투자하면 매년 약 6% 정도의 배당이 나온다. 10억 기준 6,000만 원이다. 15.4%의 배당세(약 1,000만 원)를 내면 약 5,000만 원이 내 수입으로 잡힌다. 월 기준 약 400만 원이다.

물론 이 사람도 집은 있어야 한다. 그런데 이 정도의 월생활비가 나오는데 비싼 서울에 집을 얻을 필요가 있을까? 경기도 외곽으로 나가면 보증금 3,000만 원에 월세 50만 원짜리 32평 아파트를 구할 수 있다. 월세를 제해도 월 350만 원이 남는다. 삶의 질은 당연히 좋아진다. 직장생활을 할지 말지도 선택 가능하다. 월 350만 원에 맞춰서 살면 된다.

경기도 외곽이 서울 강남보다 좋은 점이 있다. 인간은 비교와 욕망 덩어리라 끝없이 나와 주변 사람을 비교한다. 와이프는 일론 머스크가 부자라고 질투하지 않는다. 와이프의 질투 대상은 이웃집 남편과 나다. 그러니 끊임없는 소비에 시달린다. 강남 물가가 좀 비싼가? 350만 원으로는 어림도 없다.

그러나 경기도 외곽의 아파트에서는 가능하다. 학원비도 싸고 주변 사람들도 그렇게 부자가 아니다. 따라서 쓰는 생활비도 싸다. 물론 이웃집 남자보다 내가 더 뛰어나 보인다. 굳이 비교를 하자면 말이다. 그러니 삶의 질이 높아진다.

그러나 나는 맥쿼리인프라나 AT&T 등 배당주에 투자하지 말라고 한다. 왜냐하면 배당주는 이미 성장이 끝났기 때문에 주가가 오히려 빠진다. 배당이 6%인데 주가가 6% 이상 떨어지는 일도 허다하다. 그러면 10억 원의 내 원금으로 생활비를 쓰는 꼴이 되고 만다. 15.4%의 배당소득세까지 내가면서 말이다. 차라리 은행에 10억을 맡기고 매달 몇백만 원씩 찾아 쓰는 것이 더 낫다.

그렇다면 해결 방법은 무엇인가? 역시나 세계 1등 주식이다. 애플은 지난 5년간 500% 올랐고, 2020년에는 80%가 넘게 올랐다. 매년 25% 이상 오른다. 그러니 차라리 1등주에 투자하고 6%는 찾아서 생활비로 쓰고, 19%는 복리로 재산을 늘려가면 된다.

그렇게 하더라도 10억 원의 자산은 10년이 지나면 약 57억으로 불어난다. 강남 아파트는 15년 동안 겨우 100% 올랐는데 19%의 복리라면 4년이면 가능하다.

	원금	수익률
	1,000,000,000	
1년	1,190,000,000	1.19
2년	1,416,100,000	1.19
3년	1,685,159,000	1.19
4년	2,005,339,210	1.19
5년	2,386,353,660	1.19
6년	2,839,760,855	1.19
7년	3,379,315,418	1.19
8년	4,021,385,347	1.19
9년	4,785,448,563	1.19
10년	5,694,683,790	1.19

10년 후 자산은 5,694,683,790원으로 불어난다. 5%만 생활비로 써도 매년 284,734,189.5원이 되며 한 달 약 2,370만 원 정도다. 자산이 불어나면 불어날수록 생활비로 쓰는 %를 대폭 줄일 수 있다. %를 줄이기 싫다면 그만큼 더 쓰고 살면 된다. 10년 후 한 달 2,370만 원씩 말이다.

여기에는 전제가 있다. 10억 주식 부자가 되려면 1억 원을 10년간 세계 1등 주식에 투자하여 25% 복리로 불려야 한다. 이 역시 세계 1등주에 투자만 하면 된다. 결국 모든 건 시간의 문제다.

⭐ 결론

10억 주식 부자와 20억 부동산 부자 중 삶의 질은 주식 부자의 압승이다.

46장 | 많은 투자자들이 세계 1등 투자를 망설이는 이유

2021년 기준 세계 1등주였던 애플은 수익률에서 다우, S&P500, 나스닥 종합주가지수를 모두 앞섰다.

애플은 3대 지수인 S&P500, 나스닥, 다우존스 지수를 모두 아웃퍼폼하며 한 해 동안 무려 30% 넘게 상승했다. 기간을 5년으로 늘리면 더욱 드라마틱한 결과치를 얻을 수 있다.

미국 3대 지수의 상승률도 대단하게 느껴지지만 세계 1등주였던 애플의 상승률은 경이롭기까지 하다. 사람들은 내게 "왜 1등 주식을

표_2021년 연간 수익률

	수익률
애플	33.82%
다우존스 지수	18.73%
S&P500 지수	26.89%
나스닥 지수	21.39%

반복되는 상승과 하락 사이에서 **지속적으로 기회 잡는 법**

표_최근 5년간 수익률

	수익률
애플	514.53%
다우존스 지수	80.97%
S&P500 지수	108.06%
나스닥 지수	186.96%

하느냐?"고 묻는다. 대답은 간단하다. 지수보다 상승률이 높기 때문이다.

여기서 세계 1등주를 지수와 비교하는 이유는, 지수를 이기는 개인이 없기 때문이다. 물론 한 해 동안 농사를 잘 지어 세계 1등을 잠시 이길 수는 있다. 그러나 여러 해에 걸쳐서 이기기란 불가능하다.

버핏과 헤지펀드가 수익률 내기를 한 적이 있다. 10년 간의 투자 성적이 2008년 발표되었는데, 워런 버핏의 인덱스펀드는 연평균 7.1%에 달하는 높은 수익을 냈지만, 프로테제의 헤지펀드 수익률은 2.2%에 그쳤다.

내로라하는 전문가들이 다 모였다는 헤지펀드의 수익률이 고작 연간 2.2%다. 그런데 개인이 지수를 이길 수 있을까? 워런 버핏만이 연평균 21%, 전설적인 투자자인 마젤란 펀드의 운영자 피터 린치가 29.2% 정도를 기록했을 뿐이다.

이름값에 놀란 이들이 자주 하는 말이 있다.

"워런 버핏의 수익률을 개인인 내가 어떻게 이기나?"

워런 버핏도 사람일 뿐이다. 버핏도 세계 1등 수익률은 이기지 못했다. 세계 1등이 워런 버핏을 이기는 이유는 세계 1등이 바로 시장이기 때문이다.

이러한 결과치를 내놓아도 개인은 지수투자를 하지 않는다. 재미가 없기 때문이다. 세계 1등도 재미가 없는데 지수라고 재미있을 리 없다. 지수는 연평균 9.1% 수익률이니 재미가 없고, 세계 1등이 연평균 수익률 25%를 찍어도 재미가 없다. 단타만 잘 쳐도 하루에 25%를 먹을 수 있기 때문이다.

그래서 개미들의 일상은 늘 단타꺼리 찾기고, 매일 수십%의 수익률을 내서 1년 동안 몇 배에서 몇십 배 계좌가 불어나는 꿈을 꾼다. 그러나 현실은 어떤가? 매년 꾸준히 25% 이상을 기록하는 것조차 불가능에 가깝다.

전형적인 개미의 꿈에서 깨어나지 않는 한, 아무리 여러 번 강조하고 반복하고 권유해도 10년 후 10배가 되고 20년 후 100배가 되는 세계 1등주는 느리고 재미가 없어서 싫고, 오늘 20% 오르지만 다음날 25% 떨어지는 단타는 부자의 꿈을 이루게 하는 지름길로만 보일 뿐이다. 꿈에서 깨어나고 탐욕에서 벗어나지 않는 한 개미는 영원히 개미에서 벗어날 수 없다.

세계 1등주도 어려운 구간이 있다

세계 1등주 투자도 쉬운 것만은 아니다. 오차없이 매년 25%씩 따박따박 오른다면 어려울 게 없다. 5년 누적 수익률이 무려 500%에 이르니 매년 25% 올랐겠거니 하겠지만 연간 수익률을 보면 그렇지 않다.

애플의 연간 수익률을 보자. 애플이 1등에 오른 2012년부터 2022년 말까지 11년간의 수익률이다. 25%를 넘은 적이 6번 있었고, 마이너스를 기록한 해가 3번이나 되었다.

플러스를 기록한 해는 말할 필요가 없고, 문제는 마이너스를 기록할 때 어떻게 잘 넘기느냐가 관건이다. 만약 올해 주식을 시작했는

표_애플 연간 수익률

연도	연간수익률
2012년	31.40%
2013년	5.42%
2014년	37.72%
2015년	-4.64%
2016년	10.03%
2017년	46.11%
2018년	-6.79%
2019년	86.16%
2020년	80.75%
2021년	33.82%
2022년	-26.83%

데 2018년 10월 위기 혹은 2022년의 지속적인 하락장을 겪었다면, 애플 주가가 전고점 대비 30% 혹은 그 이상 빠지는 경험을 하게 되고, 대부분 저점에 팔고 애플 투자를 그만뒀을 것이다. 내가 -3% 법칙을 만든 계기가 바로 2018년 10월 위기 때문이었다.

즉 MDD(MDD는 Maximum DrawDown의 약자. 어떤 투자상품이 특정 기간 동안 최대 얼마의 손실이 날 수 있는지를 나타내주는 지표)를 잘 견뎌야 한다. 그러나 나도 30% 폭락장을 견디지 못했다. 저점에 팔고 다시 오르면 본전 생각나서 사고를 반복하다가 계좌가 녹은 경험이 있다.

평소에 꾸준히 오르면 투자자는 위기를 인식하지 못한다. 하지만 위기는 반드시 온다. 그래서 위기를 대비해야 한다. 매뉴얼을 지키면 늘상 위기에 대비하는 투자가 된다.

"증권시장은 장기적으로 접근해야 안정적이다. 하지만 단기투자를 해오다 시세 폭락으로 팔지 못한 건 장기투자자가 아니다."

- 앙드레 코스톨라니

코스톨라니의 말은 대부분의 개미들에게 해당되는 말이다. 평소 단기투자를 즐기다가 시세 폭락으로 50% 떨어지면 계좌를 닫고 주식을 아예 쳐다보지도 않는다. 그래봐야 본인만 손해다. 어차피 재테크는 주식과 부동산 둘 뿐이다. 부동산은 주식보다 오르지 않고 진짜 위기에는 대책도 없다. 그러나 마음은 편하다. 주식은 부동산보다 많이 오르지만 등락이 심해 마음이 불편하다.

그래서 둘 중 하나를 택해야 한다. 주식을 할 것이라면 위기에 대처할 수 있어야 장기투자가 가능하다.

⭐ 결론

《돈의 철학(Philosophie des Geldes)》에서 짐멜은 '대다수의 사람들이 욕망하는 것은 희소할 때만 발생한다'고 했다. 그래서 부자들은 희소하다. 우량한 주식을 보는 눈이 있어야 하고 장기투자를 해야 하며 MDD도 슬기롭게 잘 넘겨야 하니 말이다. 그러나 대다수는 돈을 욕망만 하고 우량한 주식을 보는 눈이 없고 단기투자를 하며 MDD에서 팔고 떠나거나 계좌를 닫아버린다.

롱과 숏의 절묘한 조화가 답이다

롱게임은 오랫동안 들고가는 주식, 숏게임은 단타로 대응하는 주식이다. 대부분의 사람들은 롱게임이 좋다는 말을 이미 들어서 잘 알고 있고, 추구하는 투자방식도 이에 근접한다. 하지만 내가 사면 주가가 떨어지고, 주변에서는 돈 벌었다는 이야기가 들리고, 전문가들의 두서 없는 멘트까지 듣고 나면 '지금 내가 맞는 건가' 하는 의심이 들기 시작한다.

결국 처음 가졌던 자세는 흐트러지고, 남들과 똑같은 개미로 변신한다. 목표는 항상 본전이다. 돈을 잃으면 다시는 쳐다 보기도 싫다. 운 좋게 수익이 나서 자신감을 얻으면 쌈짓돈을 투입하는데 결과는 역시나다. 수익을 거뒀던 자금을 포함해 훨씬 많은 손실만 발생한다.

주식을 숏게임으로 바라보는 사람들은 혀를 내두를 정도로 열정적이다. 주식을 매일 사고 팔면서 차트와 재무재표 공부, 주식방송, 주식책, 유튜브 등 할 수 있는 일은 빠짐없이 다 한다. 그러나 시간이 아무리 지나고 내공이 쌓여도 결국은 제자리다. 노력 대비 얻은 거라곤 퇴출되지 않고 살아남았다는 안도감 하나다. 언제나 극적인 역전골을 꿈꾸지만, 객관적 입장에서 볼 때 그가 꿈을 이룰지는 미지수다. 솔직히 그의 수십 년간 투자인생을 돌이켜보건데 불가능에 가깝다. 앞으로도 퇴출되지 않으면 다행이다.

주식은 공부해서 돈 버는 게임이 아니다. 그랬다면 경제학자, 애널리스트,

트레이더가 진작에 돈방석에 앉아 있어야 한다.

주가는 예쁜 사인곡선으로 가지 않는다. 언제나 예측 불가능하다. 지나고 나서 이 때 이래서 이랬다는 말은 아무짝에도 쓸모가 없다.

결국 주식은 롱게임일까? 숏게임일까? 곳곳이 지뢰밭인 주식시장에서 롱도 애매하고, 숏은 더 애매하다. 어느 쪽도 맞을 것 같고, 어느 쪽도 틀릴 것 같다.

사실 주식은 롱게임이면서 숏게임이다. 오랫동안 투자해야 부자가 될 수 있다는 점에서 롱게임은 맞다. 그렇지만 공황과 같은 시기에도 롱만을 고집하다가는 반토막 난 계좌를 보는 순간 멘탈이 나간다. 오히려 공황과 같은 시기에 매뉴얼대로 투자한다면 손절하지 않고 1등 주식을 오래 보유할 수 있다.

결국 세계 1등은 롱게임이고 매뉴얼은 숏게임이다. 이 둘을 잘 섞어야 맛있는 비빔밥이 탄생한다.

벤자민 그레이엄의 책 《현명한 투자자》에서는 두 종류의 투자자가
나온다. 방어적 투자자와 공격적 투자자다.

① **방어적 투자자**

방어적 투자자란 '심각한 실수나 손실을 피하는 것' 그리고
'수고나 골칫거리, 빈번한 의사 결정의 부담에서 벗어나는 것'
을 목표로 하는 투자자로 정의한다.

② **공격적 투자자**

공격적 투자자는 '기꺼이 시간과 노력을 투입하여 평균보다
더 건전하고 매력적인 종목을 선정'하려는 투자자이다.

세계 1등에 투자하며 매뉴얼을 따르는 투자자는 어느 쪽일까? 당연

히 방어적 투자자다. 세계 1등에만 투자하니 개별종목 선정에 시간이나 열정을 들일 필요가 없다. 그리고 매뉴얼대로 투자하니 심각한 실수나 손실도 피할 수 있다.

나스닥 -3%가 떴을 때 팔거나 2.5% 떨어질 때마다 파니 완전히 망할 확률은 제로에 수렴한다. 세계 1등 기업이 하루에 50%가 떨어지지 않는 한 말이다.

내가 매뉴얼을 만들면서 방어적 투자자가 될 수밖에 없었던 이유는, 공격형으로 한다고 하여 부자가 되는 것은 아니었기 때문이다.

《모든 주식을 소유하라》의 저자 존 보글은 이렇게 말했다. "1970년 당시 존재한 355개의 펀드 중 2016년까지 S&P500지수를 1% 초과한 펀드는 10개밖에 안 된다. 35개는 시장 평균이었고 1% 이상 뒤진 펀드가 29개 그리고 나머지 281개는 사라졌다."

액티브 펀드가 시장 평균조차 이기지 못했다는 얘기다. 다시 한 번 말하지만 세계 1등도 지수다. 지수는 시장이다.

전문가 집단의 성적표가 이럴진대, 과연 일개 개미가 장기간 시장을 이길 수 있을까? 어느 한 해는 이길 수도 있다. 그러나 기간이 늘어나면 성적표가 형편 없는 전문가들조차 이기지 못할 것이다.

그러나 부자가 되려면 장기간 시장 수익률을 상회해야 한다. 장기간이라면 예를 들어 최소 10년은 25%의 수익률을 거두어야 1억을 투자했을 때 10억이 된다.

최소 부자의 기준은 현금성 자산 10억이다. 한국에서 현금성 자산 10억 원은 상위 0.75%에 속한다. 그리고 또 다시 10년간 25%의 수익률을 매년 거둔다면 100배가 되어 100억 부자가 된다.

그런데 액티브 펀드도 못한 일을 개미가 할 수 있다고 생각하는가? PBR, PER, ROE, 재무제표 등을 샅샅이 보고 기업을 제대로 평가할 수 있다고 생각하는가? 수많은 주식 책이 시중에 나와 있지만 대부분의 책은 종목을 고르는 데만 한 권 분량을 다 쓴다. 그런데 과연 그 종목으로 부자가 될 수 있을까? 그리고 피터 린치도 아닌 자신이 몇십 년간 우량한 종목을 지속적으로 고를 수 있다고 생각하는가? 불가능에 가깝다.

지난 코로나 기간의 뜨거운 불장은 운이 좋았을 뿐이다. 이 시기에는 눈을 감고 어떤 종목을 사도 모두 올랐다. 잡주에 투자해도 올랐으니 자신감이 목까지 차올라 주식을 쉽게 봤을 것이다. 그래서 더 위험하고 더 많이 오르는 종목에 올인을 하고, 장이 좋아 주식이 오르는데도 자신의 실력이 좋다고 생각했을 것이다. 그러나 코로나 위기의 상승은 연준의 양적완화와 제로금리가 만들어낸 불장이었다. 천재여서 이룬 성과가 아니었다는 말이다. 어느 순간 어두웠던 방에 불이 켜지면서 현실이 보이기 시작한 것이다.

결국 2022년에 접어들자 금리가 치솟고, 주식이 부러지면서 투자자들은 혹독한 대가를 치렀다. 이와 같은 대세 하락장에는 너나없이 계좌가 시퍼렇게 멍이 든다. 그제야 지난 성과는 그저 운이었음을 깨닫는다. 그러나 때는 이미 늦었다. 손실이 50%~ 90%에 달하기 때문이다. 부자가 될 것 같던 상황에서 이제는 치명적인 손실을 입고 넉다운 되기 일보직전이다.

당시의 손실이 치명적이었던 이유는, 90% 떨어진 주식이 본전이 되려면 10배가 올라야 하기 때문이다. 과연 이번 생이 끝나기 전에 본전이 올지 장담할 수 없다. 본전을 찾겠다고 잦은 매매까지 한다면 회복은커녕 여기서 계좌가 더 밀려버릴 수도 있다.

자동차의 안전벨트는 사고가 나기 전까지는 거추장스럽다. 사고가 나봐야 안전벨트의 중요성을 비로소 깨달을 수 있다. 매뉴얼 없는 투자는 안전벨트를 매지 않은 채 보험도 들지 않고 벽을 향해 전속력으로 달려가는 자동차 레이싱이다. 왜냐하면 공황 같은 급락은 최소 5년에 한 번은 꼭 오기 때문이다.

그러나 대부분의 사람들은 자신의 전재산을 걸고 투자를 하는데도 헤지 하나 하지 않는다. 10년 들고갈 주식이 아니라면 10분도 들고 가지 말라 했다며 워런 버핏을 들먹이며 존버한다. 그런데 아이러니하게도 버핏은 그런 잡주를 사지 않으며, 결정적으로 우리 모두는 워런 버핏이 아니다.

맹신하지 말고 유연하게 시장에 대응하라

투자는 맹신이 아니다. 의심과 검증의 대상이다. 마이크로소프트라는 세계 1등 주식에 투자하고 있지만 마이크로소프트가 세계 1등에서 바뀌면 뒤도 안 돌아보고 버린다. 아무리 잘나가고 있어도 나스닥 -3%가 뜨면 팔고, 평소 고점 대비 2.5% 떨어질 때도 10%씩 판다.

코스닥 잡주도 이렇게 했다면 이미 고점 대비 -25% 지점에서 손 털고 나왔을 것이다. 매뉴얼은 시장의 모든 위험을 실시간으로 반영한다. 매뉴얼은 안전벨트고 보험이다.

2022년 1월 3일 애플은 최고점인 182.01달러를 찍었다. 그리고 이틀 뒤인 1월 5일 나스닥 -3%가 발생했다. 대부분의 사람들은 이게 무슨 의미인지 몰랐을 것이다. 나조차도 무슨 의미인지 알 수 없었다. 그러나 매뉴얼을 기계적으로 대응해, 애플 10%만 남기고 모두 팔았다. 한참이 지나서야 인플레이션으로 연준이 긴축에 들어간다는 시그널을 파악하고 연준이 금리를 올리기 전에 시장이 미리 반응한 것이었다. 시장의 깊은 뜻을 한참이 지나서야 겨우 알 수 있었다. 그러나 매뉴얼은 위험을 즉시 알아채고 -3%가 뜨면서 도망치라는 경고를 준 것이다.

재난영화를 보면 지진이나 화산 폭발 등 천재지변이 일어날 때 동물들은 인간보다 먼저 움직인다. 그러나 인간은 어리석게도 확실하게 재난상황이 벌어졌는데도 피하지 않는다. 심지어 화산재가 밀려들어 집이 쓸려내려갈 상황에서도 집안에 있다가 변을 당한다.

투자도 마찬가지다. 매뉴얼이 분명히 도망치라고 경고를 주는데도 불구하고 대부분의 사람들은 존버한다. 존버의 정신은 자신이 산 주식을 사랑하는 것이며 심하면 맹신과 맹종에 이른다. 심지어 오를 때는 잡주에 전재산을 올인하고 존버하며 헤지도 하지 않고 천하태평이다. 나의 시각으로는 재난영화 속 인간과 다를 바가 없다.

주식투자로 자산이 날아가도, 재난으로 집이 날아가도 피해는 온전히 가족 모두의 것이다. 가장에게 재테크를 맡긴 가족들은 무슨 죄인가? 어느날 날벼락을 맞고 싶지 않다면, 시장을 이길 수 있다는 그 아집에서 벗어나기 바란다.

⭐ 결론

아무리 공부해도 시장을 이길 수 없다. 주식투자로 성공할 수도 없다. 이 사실을 빨리 깨달을수록 손실 랠리에서 하루라도 일찍 벗어날 수 있다. 그 전에는 계속해서 잃을 뿐이다. 투자는 시장을 따라가는 세계 1등 주식과 매뉴얼에 맡기자. 그리고 또 다시 다가올 위기에는 이번처럼 똑같이 당하지 말자. 쓸데없는 주식 공부는 때려 치우고 차라리 그 시간을 나 자신과 가족의 행복을 위해 의미있게 쓰자.

뼈 때리는 팩폭

현실은 지옥이다

인공지능이 일자리를 없앤다. 그런데 왜 맥도널드에서는 햄버거 주문 기계를 쓰지 않는가? 기계보다 사람이 더 경제적이기 때문이다.

인공지능이 없애는 직업은 돈을 많이 받는 직업이다. 대표적으로 전문직, 트레이더, 애널리스트 등이다. 인공지능이 발달하면 할수록 고소득 일자리는 줄어들고 저소득 일자리만 남는다. 요즘 메타버스 등 가상공간이 테마다. 가상공간이 뜨는 세상은 돈이 안 들어가는 세상이다. 본격적인 세상은 디플레이션일 때 온다.

일본의 오타쿠 문화과 꽃을 피운 시기는, 돈 없고 일자리도 없고 시간은 많았던 잃어버린 30년의 정점인 2000년대였다. 프리터족을 거쳐 사토리 세대에 완성되었다.

프리터족은 아르바이트로 생활을 이어나가는 세대를 지칭하고, 사토리 세대는 이것마저 달관하여 모든 것을 포기한 세대이다. 3포족, 5포족처럼 결혼, 취업, 연애 등을 모두 포기했다는 의미다.

잃어버린 30년 동안 일본의 젊은이들은 취업이 하늘의 별따기였다. 그러다 보니 히키코모리(은둔형 외토리)들은 집에 틀어박혀 돈이 많이 들어가지 않으면서 자신이 좋아하는 애니, 게임 등에 집착했다. 즉 인공지능이 만들어내는 디스토피아는 기계가 인간의 일자리를 없애고 소비부진에 빠지며 이에 따라 디플레이션이 오고, 청년들이 취업하기 어려운 세상, 그리고 시간은 넘치는 세상에서 현실세계에 적응하지 못한 이들이 가상공간에 집착하는 세상이다.

반대의 세상은 인플레이션 세상이다. 돈이 많이 들어간다. 돈이 많이 들어가도 돈의 가치는 더 많이 찍어 내는 돈에 의해 희석된다. 소비가 잘되니 일자리가 생긴다. 오프라인이 활발하고 시간이 부족하다. 그러나 궁금하다. 이런 세상이 다시 올 수 있을까?

유발 하라리는 말했다. "내세를 의심하는 순간 현실에 집착하게 된다." 천국이 없다고 생각하면 돈에 집착한다. 취업이 없다고 생각하면 취미에 집착한다. 현실에서 성공할 수 없다면 가상세계에 집착한다. 그러나 가상세계도 결국은 평등하지 않다. 빈익빈부익부의 세상이다. 이곳에도 고가의 부동산이나 명품이 존재하니 말이다.

아바타에 '버버리' 패션 입혔더니…"수백만원에 팔렸다"
영국 패션브랜드 버버리가 지난 8월 메타버스 게임 '블랑코스 블록 파티'에 내놓은 아바타 샤키B의 현재 가격은 131만원에 달한다. 출시가격(35만원)보다 세 배 이상 뛰었다. 버버리 패션으로 꾸민 아바타의 희소성이 가격을 끌어올렸다는 분석이다.

_ 2021년 11월 29일자 한국경제

버버리가 내놓은 메타버스의 아바타가 131만 원이다. 인간이 모이는 곳에는 경쟁이 존재한다. 경쟁은 질투와 시기심, 부러움을 낳고 따라하기 소비를 조장한다. 결국 인간의 탐욕과 비교가 가상세계를 디스토피아로 만든다. 가상과 현실은 그래서 같다.

모든 디스토피아는 내 안의 욕심과 탐욕, 질투와 비교가 만든 지옥이다. 나를 끊임없이 남과 비교하며 내 안의 지옥을 만드는 것이다. 나를 업그레이드 하지만 결국 남는 것은 상처난 자존감뿐이다. 현실은 더 강한 타인이 끊임없이 넘치는 세상이기 때문이다. 고집멸도가 그래서 부처의 궁극의 끝 아니었는가?

⭐ 결론

내 안의 욕망이 죽여야 비로소 진정한 천국에 다다른다. 그렇지 않으면 현실은 지옥이다.

반복되는 상승과 하락 사이에서
지속적으로 기회 잡는 법

- 《중국은 괴물이다》 - 중국공산당의 세계지배 전략
  로버트 스팔딩 지음, 박성현 옮김, 심볼리쿠스, 2021-08-25
- 《뱃속까지 내려가서 써라》
  나탈리 골드버그 지음, 권경희 옮김, 한문화, 2005-04-24
  원제: Writing Down the Bones
- 《플랫폼 제국의 탄생과 브랜드의 미래》 - 쿠팡, 네이버, 배민보다 먼저 찾는 브랜드는 무엇이 다른가
  김병규 지음, 미래의창, 2021-09-15
- 《자본주의를 다시 생각한다》 - 사람과 자연을 위한 11가지 경제정책
  마이클 제이콥스 · 마리아나 마추카토 엮음, 정태인 옮김, 칼폴라니사회경제연구소협동조합(KPIA), 2017-10-20
  원제: Rethinking Capitalism
- 《거대한 가속》 - 포스트 코로나 시대, 우리 앞에 다가온 역사의 변곡점
  스콧 갤러웨이 지음, 박선령 옮김, 리더스북, 2021-10-05
  원제: Post Corona: From Crisis to Opportunity
- 《부의 흑역사》 - 왜 금융은 우리의 경제와 삶을 망치는 악당이 되었나
  니컬러스 ??슨 지음, 김진원 옮김, 부키, 2021-09-30
- 《위대한 창업가들의 엑싯 비결》
  보 벌링엄 지음, 강정우 옮김, 시크릿하우스, 2021-10-05
  원제: Finish Big: How Great Entrepreneurs Exit Their Companies on

Top

- 《그냥 하지 말라》- 당신의 모든 것이 메시지다
  송길영 지음, 북스톤, 2021-10-05
- 《기업, 인류 최고의 발명품》
  존 미클스웨이트 · 에이드리언 울드리지 지음, 유경찬 옮김, 을유문화사, 2011-04-25
  원제: The Company: A Short History of a Revolutionary Idea
- 《불평등의 대가》- 분열된 사회는 왜 위험한가
  조지프 스티글리츠 지음, 이순희 옮김, 열린책들, 2013-05-30
  원제: The Price Of Inequality(2012년)
- 《새로운 시장의 마법사들》- 주식, 선물옵션, 상품, 외환시장의세계 최고 투자자 17인에게 배우는 투자비결
  잭 슈웨거 지음, 오인석 옮김, 이레미디어, 2015-09-25
  원제: The New Market Wizards(2008년)
- 《주식시장의 마법사들》- 연평균 수익률 70%, 90%, 그리고 220% 시장을 이기는 마법을 찾아서!
  잭 슈웨거 지음, 김인정 옮김, 이레미디어, 2017-02-09
  원제: Stock Market Wizards(2001년)
- 《초격차 투자법》- 시장을 이긴 숨은 고수 11인의
  잭 슈웨거 지음, 조성숙 옮김, 신진오 감수, 리더스북, 2021-08-25
  원제: Unknown Market Wizards
- 《폴 크루그먼의 경제학의 향연》- 경제 위기의 시대에 경제학이 갖는 의미와 무의미
  폴 크루그먼 지음, 김이수 · 오승훈 옮김, 부키, 1997-11-10
  원제: Peddling Prosperity: Economic Sense and Nonsense in an Age of Diminished Expectations(1995년)
- 《헤지펀드 시장의 마법사들》- 주식, 선물옵션, 상품, 외환시장의 전설적 트레

이더 15인의 통찰력과 전략!

잭 슈웨거 지음, 박준형 옮김, 김영재 감수, 이레미디어, 2013-12-20

원제: Hedge Fund Market Wizards(2012년)

- 《비즈니스 워》- 비즈니스 승부사(史)의 결정적 순간

  데이비드 브라운 지음, 김태훈 옮김, 한국경제신문, 2021-09-24

  원제: The Art of Business Wars

- 《한번도 경험해보지 못한 나라》- 민주주의는 어떻게 끝장나는가

  강양구 · 권경애 · 김경율 · 서민 · 진중권 지음, 천년의상상, 2020-08-25

- 《2022 피할 수 없는 부채 위기》- 부동산과 주식 시장의 폭락에 대비하라!

  서영수 지음, 에이지21, 2021-10-29

- 《모빌리티 미래권력》

  권용주 · 오아름 지음, 무블출판사, 2021-09-14

- 《죽도록 즐기기》- 성찰없는 미디어세대를 위한 기념비적 역작

  닐 포스트먼 지음, 홍윤선 옮김, 굿인포메이션, 2009-07-30

  원제: Amusing Ourselves to Death

- 《철학 VS 철학》- 동서양 철학의 모든 것

  강신주 지음, 오월의봄, 2016-08-10

- 《다동력》- 여러 가지 일을 동시에 해내는 힘

  호리에 다카후미 지음, 김정환 옮김, 을유문화사, 2018-04-20

- 《다모다란의 투자 전략 바이블》- 당신을 현혹하는 투자 전략의 허와 실

  애스워드 다모다란 지음, 이건 · 홍진채 옮김, 에프엔미디어, 2021-11-20

  원제: Investment Fables: Exposing the Myths of "Can't Miss" Investments Strategies(2004년)

- 《반도체 제국의 미래》- 흔들리는 반도체 패권 최후 승자는 누가 될 것인가

  정인성 지음, 이레미디어, 2021-11-18

- 《보드리야르의 '소비의 사회' 읽기》

  배영달 지음, 세창출판사(세창미디어), 2018-12-10

- 《대한민국의 시험》- 대한민국을 바꾸는 교육 혁명의 시작
  이혜정 지음, 다산4.0, 2017-02-13
- 《서울대에서는 누가 A+를 받는가》- 서울대생 1100명을 심층조사한 교육 탐사 프로젝트
  이혜정 지음, 다산에듀, 2014-10-24
- 《무엇이 이 나라 학생들을 똑똑하게 만드는가》- 미국을 뒤흔든 세계 교육 강국 탐사 프로젝트
  아만다 리플리 지음, 김희정 옮김, 부키, 2014-01-17
  원제: The Smartest Kids in the World(2013년)
- 《자본주의의 미래》- 새로운 불안에 맞서다
  폴 콜리어 지음, 김홍식 옮김, 까치, 2020-11-20
  원제: The Future of Capitalism: Facing the New Anxieties(2018년)
- 《통치론》
  존 로크 지음, 강정인 · 문지영 옮김, 까치, 1996-10-30
  원제: Two Treatises on Government(1690년)
- 《유한 게임과 무한 게임》- 인생이라는, 절대 끝나지 않는 게임에 관하여
  제임스 P. 카스 지음, 노상미 옮김, 마인드빌딩, 2021-09-06
  원제: Finite and Infinite Games
- 《차트의 유혹》- 주식 투자에 대한 지각심리학적 이해
  오성주 지음, 한국경제신문, 2022-01-03
- 《선을 넘는 한국인 선을 긋는 일본인》- 심리학의 눈으로 보는 두 나라 이야기
  한민 지음, 부키, 2022-01-20
- 《의식 혁명》- 힘과 위력, 인간 행동의 숨은 결정자
  데이비드 호킨스 지음, 백영미 옮김, 판미동, 2011-09-02
  원제: Power vs. Force(1995년)
- 《뮌헨에서 시작된 대한민국의 기적》- 한국 산업화의 설계자 김재관
  홍하상 지음, 백년동안, 2022-01-03

- 《무례한 사람에게 웃으며 대처하는 법》 - 인생자체는 긍정적으로, 개소리에는 단호하게!

  정문정 지음, 가나출판사, 2018-01-08
- 《더 좋은 곳으로 가자》 - 능력에 요령을 더하면 멋지게 갈 수 있다

  정문정 지음, 문학동네, 2021-03-10
- 《가난한 사람이 더 합리적이다》 - MIT 경제학자들이 밝혀낸 빈곤의 비밀

  아비지트 배너지 · 에스테르 뒤플로 지음, 이순희 옮김, 생각연구소, 2012-05-15

  원제: Poor Economics: A Radical Rethinking of the Way to Fight Global Poverty
- 《실업이 바꾼 세계사》 - 대량해고, 불황, 빈곤은 세상을 어떻게 움직였을까?

  도현신 지음, 서해문집, 2017-11-21
- 《익숙한 것과의 결별》

  구본형 지음, 윤광준 사진, 을유문화사, 2007-12-15
- 《초격차》 - 넘볼 수 없는 차이를 만드는 격

  권오현 지음, 김상근 정리, 쌤앤파커스, 2018-09-10
- 《주연들의 나라 한국 조연들의 나라 일본》 - 한일비교의 문화심리학

  이누미야 요시유키 지음, 솔과학 편집부 옮김, 솔과학, 2017-02-13
- 《금융의 지배》 - 세계 금융사 이야기

  니얼 퍼거슨 지음, 김선영 옮김, 민음사, 2010-07-15

  원제: The Ascent of Money: A Financial History of the World(2008년)
- 《파리에서 도시락을 파는 여자》 - 최정상으로 가는 7가지 부의 시크릿, 개정판

  켈리 최 지음, 다산북스, 2021-06-23
- 《라이프스타일을 팔다》 - 다이칸야마 프로젝트

  마스다 무네아키 지음, 백인수 옮김, 베가북스, 2014-04-08

  원제: 代官山オトナTSUTAYA計畫
- 《역사의 쓸모》 - 자유롭고 떳떳한 삶을 위한 22가지 통찰

최태성 지음, 다산초당(다산북스), 2019-06-14
- 《지적자본론》- 모든 사람이 디자이너가 되는 미래
  마스다 무네아키 지음, 이정환 옮김, 민음사, 2015-11-02
  원제: 知的資本論: すべての企業がデザイナ-集團になる未來(2014년)
- 《팔지 마라, 사게 하라》- 기획에서 콘셉트, 마케팅에서 세일즈까지
  장문정 지음, 쌤앤파커스, 2013-05-09
- 《어떻게 원하는 것을 얻는가》(밀리언 특별판) - 20년 연속 와튼스쿨 최고 인기 강의
  스튜어트 다이아몬드 지음, 김태훈 옮김, 8.0, 2017-11-08
  원제: Getting More
- 《불황의 경제학》
  폴 크루그먼 지음, 안진환 옮김, 세종(세종서적), 2015-01-15
  원제: The Return of Depression Economics and the Crisis of 2008
- 《보이지 않는 중국》- 무엇이 중국의 지속적 성장을 가로막는가
  스콧 로젤 · 내털리 헬 지음, 박민희 옮김, 롤러코스터, 2022-04-15
  원제: Invisible China: How the Urban-Rural Divide Threatens China's Rise(2020년)
- 《절제의 성공학》- 운명을 만드는, 증보판
  미즈노 남보쿠 지음, 류건 엮음, 권세진 옮김, 바람, 2013-07-25
  원제: 南北相法極意修身錄
- 《현대 물리학과 동양사상》- 개정판
  프리초프 카프라 지음, 김용정 · 이성범 옮김, 범양사, 2006-12-01
  원제: The Tao of Physics(1975년)
- 《초공간》- 평행우주, 시간왜곡, 10차원 세계로 떠나는 과학 오디세이
  미치오 카쿠 지음, 박병철 옮김, 김영사, 2018-06-07
  원제: Hyperspace: A Scientific Odyssey Through Parallel Universes, Time Warps, and the 10th Dimension(1994년)

- 《비폭력 대화》- 일상에서 쓰는 평화의 언어 삶의 언어, 개정증보판

  마셜 B. 로젠버그 지음, 캐서린 한 옮김, 한국NVC출판사, 2017-11-25

  원제: Nonviolent Communication: A Language of Life

- 《왕, 전사, 마법사, 연인》- 어른이 되지 못한 남성들을 위한 심리 수업

  로버트 무어 · 더글러스 질레트 지음, 이선화 옮김, 파람북, 2021-05-27

  원제: King, Warrior, Magician, Lover(1990년)

- 《한국은 하나의 철학이다》- 리(理)와 기(氣)로 해석한 한국 사회

  오구라 기조 지음, 조성환 옮김, 모시는사람들, 2017-12-20

- 《암호화폐의 경제학》- 산업 · 기술 · 제도 · 투자

  이철환 지음, 다락방, 2018-02-05

- 《소용돌이의 한국정치》- 완역판

  그레고리 헨더슨 지음, 이종삼 · 박행웅 옮김, 한울(한울아카데미), 2013-07-25

  원제: Korea-The Politics of the Vortex

- 《조선사상사》- 단군신화부터 21세기 거리의 철학까지

  오구라 기조 지음, 이신철 옮김, 길(도서출판), 2022-03-21

- 《사람의 힘》- 영원한 세일즈맨 윤석금이 말한다

  윤석금 지음, 리더스북, 2018-03-02

- 《오리엔탈리즘》

  에드워드 W. 사이드 지음, 박홍규 옮김, 교보문고(교재), 2015-09-17

  원제: Orientalism(1978년)

- 《자본주의와 자유》

  밀턴 프리드먼 지음, 심준보 · 변동열 옮김, 청어람미디어, 2007-04-02

  원제: Capitalism and Freedom(1962년)

- 《당신들의 대한민국 1》

  박노자 지음, 한겨레출판, 2011-04-25

- 《상식과 법칙은 엿이나 먹으라고 해라》

  댄 S. 케네디 지음, 김지룡 · 이상건 옮김, 시대의창, 2001-11-21

원제: No Rules: 21 Giant Lies about Success and How to Make It Happen
Now
- 《공자가 죽어야 나라가 산다》- 갑골학 박사 김경일의 한국의 유교 문화 비
판서
  김경일 지음, 바다출판사, 1999-06
- 《디자인 트랩》- 당신을 속이고, 유혹하고, 중독시키는 디자인의 비밀
  윤재영 지음, 김영사, 2022-07-15
- 《지금 알고 있는 걸 그때도 알았더라면》- 잠언 시집
  류시화 엮음, 열림원, 2014-12-03
- 《어쩌다 한국인》- 대한민국 사춘기 심리학
  허태균 지음, 중앙books(중앙북스), 2015-12-07
- 《부의 미래》
  앨빈 토플러 지음, 청림출판, 2006-09-05
- 《제3의 물결》- 미래의 충격으로 세계를 놀라게 했던 신문명론
  앨빈 토플러 지음, 원창엽 옮김, 홍신문화사, 2006-05-30
  원제: The Third Wave(1980년)
- 《에코스파즘》- 발작적 경제위기
  앨빈 토플러 지음, 김진욱 옮김, 범우사, 2002-09-01
  원제: The Eco-Spasm Report(1975년)
- 《미래 쇼크》
  앨빈 토플러 지음, 한국경제신문, 1989-11-01
- 《권력이동》
  앨빈 토플러 지음, 한국경제신문, 1990-12-01
  원제: Powershift: Knowledge, Wealth, and Violence at the Edge of the
  21st Century(1991년)
- 《앨빈 토플러, 불황을 넘어서》- 어제, 오늘 그리고 내일
  앨빈 토플러·하이디 토플러 지음, 김원호 옮김, 현대경제연구원 감수, 청림출

판, 2009-02-07

원제: Beyond Depression: Yesterday, Today, and Tomorrow(2009년)

- 《나는 오랑캐가 그립다》- 다언어, 다문화 시대를 사는 삶의 뉴 패러다임

  김경일 지음, 바다출판사, 2001-10-31

- 《니얼 퍼거슨의 시빌라이제이션》- 서양과 나머지 세계

  니얼 퍼거슨 지음, 구세희 · 김정희 옮김, 21세기북스, 2011-07-26

  원제: The Civilization: the West an the Rest

- 《이타적 유전자》

  매트 리들리 지음, 신좌섭 옮김, 사이언스북스, 2001-08-20

  원제: The Origins of Virtue(1998년)

- 《매트 리들리의 붉은 여왕》

  매트 리들리 지음, 김윤택 옮김, 김영사, 2002-08-20

  원제: The Red Queen

- 《차이나 쇼크, 한국의 선택》- 왜 지금 중국이 문제인가?

  한청훤 지음, 사이드웨이, 2022-08-03

- 《2050 에너지 제국의 미래》- 에너지 전쟁의 흐름과 전망으로 읽은 미래 경제 패권 시나리오

  양수영 · 최지웅 지음, 비즈니스북스, 2022-04-08

- 《대번영의 조건》- 모두에게 좋은 자본주의란 무엇인가

  에드먼드 펠프스 지음, 이창근 · 홍대운 옮김, 열린책들, 2016-02-20

  원제: Mass Flourishing: How Grassroots Innovation Created Jobs, Challenge, and Change(2013년)

- 《황금가스전》- 미얀마 바다에서의 도전과 성공

  양수영 지음, 새로운사람들, 2016-06-30

- 《왜 중국은 서구를 위협할 수 없나》- 미국 MIT 최고 전문가 집단이 분석한 중국 경제의 실체

  에드워드 S. 스타인펠드 지음, 구계원 옮김, 에쎄, 2011-01-17

원제: Playing Our Game

- 《강신주의 감정수업》- 스피노자와 함께 배우는 인간의 48가지 얼굴
  강신주 지음, 민음사, 2013-11-15
- 《상처받지 않을 권리》- 욕망에 흔들리는 삶을 위한 인문학적 보고서
  강신주 지음, 프로네시스(웅진), 2009-06-30
- 《철학이 필요한 시간》- 강신주의 인문학 카운슬링
  강신주 지음, 사계절, 2011-02-15
- 《우리는 어디서 살아야 하는가》- 인문학자가 직접 고른 살기 좋고 사기 좋은 땅
  김시덕 지음, 포레스트북스, 2022-07-20
- 《정절의 역사》- 조선 지식인의 성 담론
  이숙인 지음, 푸른역사, 2014-06-30
- 《계층이동의 사다리》- 빈곤층에서 부유층까지, 숨겨진 계층의 법칙
  루비 페인 지음, 김우열 옮김, 황금사자, 2011-05-25
  원제: A Framework for Understanding Poverty. Fourth revised edition(1998년)
- 《제국의 충돌》- '차이메리카'에서 '신냉전'으로
  홍호평 지음, 하남석 옮김, 글항아리, 2022-10-21
- 《차이나 붐》- 왜 중국은 세계를 지배할 수 없는가
  홍호평 지음, 하남석 옮김, 글항아리, 2021-04-08
  원제: The China Boom: Why China Will Not Rule the World(2015년)
- 《바르게 본 홉슨의 제국주의론》
  서정훈 지음, 울산대학교출판부(UUP), 2005-02-15
- 《반도체 삼국지》- 글로벌 반도체 산업 재편과 한국의 활로
  권석준 지음, 뿌리와이파리, 2022-10-12
- 《왜 우리는 불평등해졌는가》- 30년 세계화가 남긴 빛과 그림자
  브랑코 밀라노비치 지음, 서정아 옮김, 장경덕 감수, 21세기북스, 2017-01-12
  원제: Global Inequality: A New Approach for the Age of Globalization

(2016년)

- 《그레이트 컨버전스》
리처드 볼드윈 지음, 엄창호 옮김, 세종연구원, 2019-09-27
원제: The Great Convergence(2016년)
- 《사피엔스의 미래》
알랭 드 보통 · 말콤 글래드웰 · 스티븐 핑커 · 매트 리들리 지음, 전병근 옮김,
모던아카이브, 2016-10-24
원제: Do Humankind's Best Days Lie Ahead
- 《매트 리들리의 본성과 양육》- 인간은 태어나는가 만들어지는가
매트 리들리 지음, 김한영 옮김, 이인식 해설, 김영사, 2004-09-13
원제: Nature Via Nurture: Genes, Experience, and What Makes Us
Human(2003년)
- 《게놈》- 23장에 담긴 인간의 자서전
매트 리들리 지음, 하영미 · 전성수 · 이동희 옮김, 김영사, 2001-01-05
원제: Genome: The Autobiography of a species in 23 chapters
- 《거인의 어깨 1, 2》- 벤저민 그레이엄, 워런 버핏, 피터 린치에게 배우다
홍진채 지음, 포레스트북스, 2022-12-12
- 《사업을 한다는 것》- 소프트뱅크 손정의 회장이 인생바이블로 선언한 책
레이 크록 지음, 이영래 옮김, 손정의 · 야나이 다다시 해설, 센시오, 2019-05-
31
원제: Grinding It Out: The Making of McDonald's
- 《모닝스타 성공투자 5원칙》
팻 도시 지음, 지승룡 · 조영로 · 조성숙 옮김, 이콘, 2006-05-25
원제: The Five Rules For Successful Stock Investing
- 《위안부와 전쟁터의 성》
하타 이쿠히코 지음, 이우연 옮김, 미디어워치, 2022-09-26
원제: 慰安婦と戦場の性

반복되는 상승과 하락 사이에서 **지속적으로 기회 잡는 법**

- 《어떻게 돌파할 것인가》 - 저성장 시대, 기적의 생존 전략

  김현철 지음, 다산북스, 2015-07-20
- 《세계 최고기업은 어떤 전략으로 움직이는가》

  김현철 · 서방계 · 노나카 이쿠지로 지음, 머니플러스, 2016-02-20
- 《세계를 제패한 최강 경영》

  노나카 이쿠지로 · 김현철 · 서방계 지음, 머니플러스, 2014-07-25
- 《CEO, 영업에 길을 묻다》 - 초심에서 건져 올린 성공의 법칙!

  김현철 지음, 한국경제신문, 2009-02-15
- 《일본유통》 - 사례로 배우는

  김현철 · 최상철 지음, 법문사, 2006-07-30
- 《불황터널 진입하는 한국 탈출하는 일본》

  박상준 지음, 매일경제신문사, 2016-05-12
- 《적색 수배령》 - 푸틴과 검은 러시아에 맞선 미국 경제인의 실화

  빌 브라우더 지음, 김윤경 옮김, 글항아리, 2018-03-23

  원제: Red Notice(2015년)
- 《일본, 위험한 레트로》 - 우리가 알던 일본은 없다

  강철구 지음, 스리체어스, 2022-12-05
- 《김학주의 40배 수익클럽》 - 거침없는 투자 탱크

  김학주 지음, 21세기북스, 2022-11-23
- 《주식투자는 설렘이다》 - 김학주 교수가 들려주는 필승 투자 전략

  김학주 지음, 메이트북스, 2023-12-15

반복되는 상승과 하락 사이에서
지속적으로 기회 잡는 법
1권_위기대응 및 실전응용편

1판 1쇄 발행 2024년 05월 10일
1판 3쇄 발행 2024년 05월 20일

지은이 조던 김장섭
펴낸이 박현
펴낸곳 트러스트북스
등록번호 제2014 - 000225호
등록일자 2013년 12월 3일
주소 서울시 마포구 성미산로1길 5 백옥빌딩 202호
전화 (02) 322 - 3409
팩스 (02) 6933 - 6505
이메일 trustbooks@naver.com

ⓒ 2024 조던 김장섭

값 19,800원
ISBN 979-11-92218-76-2 03320 (1권)

믿고 보는 책, 트러스트북스는 독자 여러분의 의견을 소중히 여기며,
출판에 뜻이 있는 분들의 원고를 기다리고 있습니다.